JN109860

テクノロジー脳のつくりかた

Developing a Technological Brain

理系人間が日常的にやっているアタマの体操

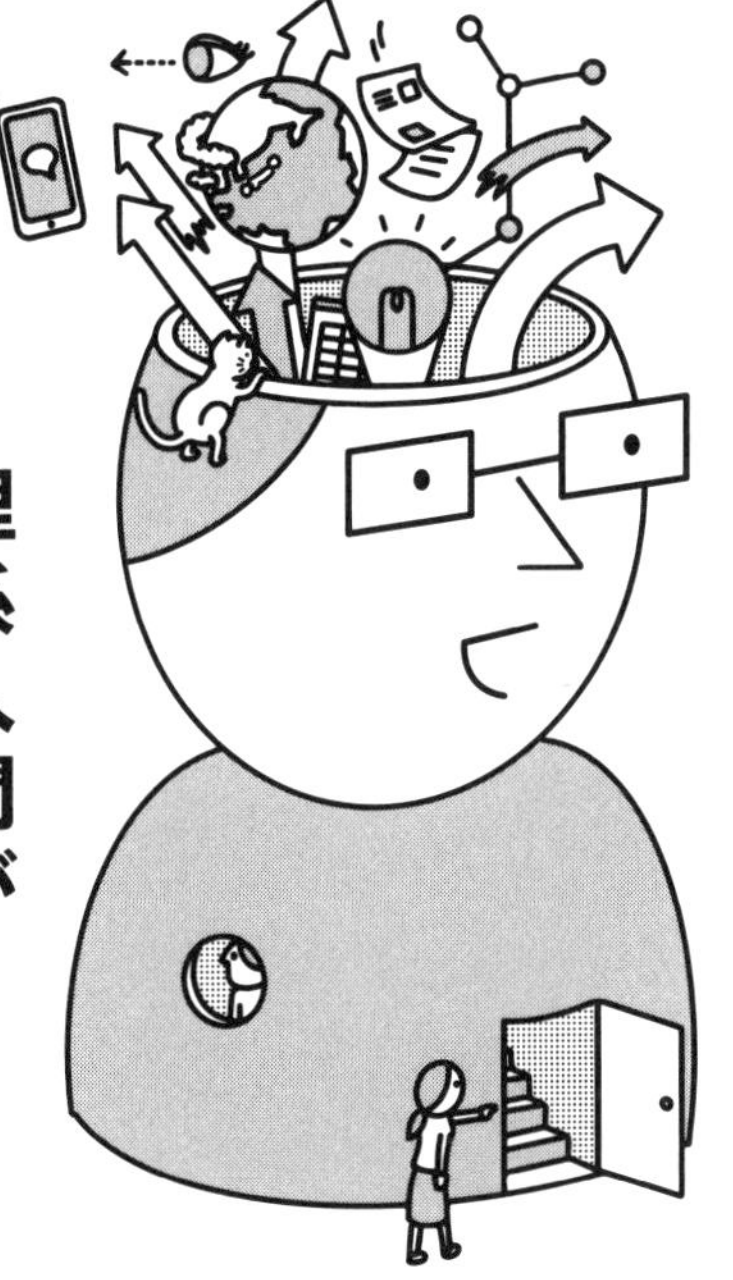

元JAXA・
宇宙ビジネスコンサルタント
齊田興哉
Saida Tomoya

アルク

はじめに

突然ですが、質問です。

「雪が溶けたら、……」

この次に、みなさんはどんな言葉が来ると思いますか。
例えば、こんな一文を考えるのではないでしょうか。

「雪が溶けたら、春になる」
「雪が溶けたら、水になる」

私自身は、後者の「雪が溶けたら、水になる」が思い浮かびます。自然と「水になる」

という言葉が出てくるのです。

私の経験上、文系の人ほど「春になる」、理系の人ほど「水になる」と答えることが多いと感じます。文系タイプは事象を叙情的・文学的に考え、理系タイプは数値的・科学的に、また現象論的に考える傾向があるようです。別にどちらかが間違っているとか、悪いとかということではありません。ただ、自然とそうした考え方をする傾向があると思うのです。

「水になる」と思い浮かんだ人たちは、どのように考えているのでしょうか。私なら例えば、雪を手のひらに載せてみたところをイメージします。すると、雪は体温で溶けていきます。雪という固体が溶けると、液体になります。その液体は水です。こうして順を追って思い描くと、「水になる」光景が見えるのです。

一方、「雪が溶けたら、春になる」とは、もっと広い情景を思い浮かべているように思います。雪という物体そのものを見ているわけではなく、庭に積もった雪や、田んぼや畑の雪、山の雪などが頭に浮かんでいて、その風景の中で雪が溶けると、温度が上昇し、次の季節になる。そんな全体的な季節の移り変わりを思い浮かべているのだと思います。

このように、最初に何を考えるのか、どのように順を追ってものごとを見ていくのかによって、思い浮かぶものも変わるのです。

「雪が溶けたら、水になる」と答えた私自身は理系の人間です。私はここで、叙情的・文学的な思考を否定したいわけではありません。こうした思考も人間には大切です。

しかしながら、理系的な思考法は今後ますます重要になると思います。それは、現代社会が多数のテクノロジーによって成立しているからです。テクノロジーにあふれた未来を生き抜いていくために、理系的思考法は誰にとっても欠かせないものになるでしょう。

では、実際にはどのような考え方が必要なのでしょうか。また、理系的な思考法に慣れていない文系の人はどうすればいいのでしょうか。それが、本書を書きたいと思った最初の問いでした。

申し遅れましたが、ここで私の自己紹介をさせてください。

私は学生時代に核融合科学研究所において、核融合科学という分野で工学博士の学位を取りました。卒業後は、宇宙航空研究開発機構ＪＡＸＡに入社し、人工衛星の開発に携わりました。

現在まで、プラズマ工学、レーザー、表面物理学、放射線工学、電気電子工学、熱力学、機械工学、通信工学、プログラミング（当時のＣ言語、Fortranなどで計算）など、深さはともかく、さまざまなものを学んできました。

また、宇宙ビジネスという分野や、科学とビジネスを結び付ける書籍を出版したり、大手メディアで最新テクノロジーについての記事を執筆してきました。

企業を対象に、世界中の斬新なテクノロジーに関する調査や、テクノロジーを絡めたビジネスについての示唆など、コンサルティング業務も数多く行っています。

こんな自己紹介を聞くと、もともと理系の素養がある人間なんだと思うかもしれません。しかし、そんなことはありません。私自身も苦労して理系的思考法を身につけてきました。たくさんの苦い経験があったからこそ、理系的思考法が叩き込まれたと思います。

私自身の経験を振り返ると、どのような頭の使い方が効果的であったか、何をやれば少しは近道になったかが見えてきました。それを本書で詳しく伝えたいと思います。

「テクノロジー脳」をつくろう

さて、ここからが本題です。

私は、誰もが必要な理系的思考法を「テクノロジー脳」と名づけました。略して「テク脳」です。そして、本書には5つの目的があります。

1つ目は、テクノロジーの基礎的な知識に触れること。

2つ目は、初見では理解しがたいテクノロジーでも、なんとなく理解できる手法やコツを習得すること。

3つ目は、理解したテクノロジーを実際に活用すること。それよって以前よりもベターな人生を送れるようになること。

4つ目は、論理的、批判的、数値的な思考、いわゆる理系的思考を身につけること。

5つ目は、その手法によって理解したテクノロジーによって、未来はどのようになるのかを「想像し、予想する力」を養うこと。

この5つの目的を叶えられる脳のことを「テクノロジー脳（テク脳）」と定義したいと思います。本書の目的を一言でいえば、テク脳をつくることです。

格差社会はますます深刻になっていく

それでは、なぜテク脳をつくる必要があるのでしょうか。それは、テク脳を持つか持たないかの差によって能力的な差が生まれ、今後、経済的な格差や不平等へと繋がっていく可能性があるからです。

私たちの日常生活は、「テクノロジー」であふれています。

例えば、毎日のようにスマートフォンやタブレット端末、ゲーム機などを手にし、チャットをしたり、動画を楽しんだり、SNSに投稿したり、写真を加工したり、ゲームをしたりしていますね。

この行動には多くのテクノロジーが関わっています。ゲームでは、キャラクターに変身したアバターで「つくられたゲーム空間」の中を動き回り、敵と戦ったり、謎を解いたり、アイテムを購入したり、仲間とコミュニケーションを取ったりして楽しんでいることでしょう。この「つくられたゲーム空間」は、仮想空間（ＶＲ空間）と呼ばれる最先端のテクノロジーで実現できています。

　ネットフリックスやユーチューブなどの配信動画や、インスタグラム、Ｘ（旧ツイッター）といったＳＮＳの世界もそうです。実は、一人ひとりに適した動画やＳＮＳの相手を運営側がリコメンドしているのですが、この機能にはＡＩ（人工知能）が使われています。

　また、軽くて薄いスマートフォンやタブレット端末も、リチウムイオンバッテリーという電池や、きれいな配色を表示して滑らかな画像を写し出してくれる薄膜な有機ＥＬ、５Ｇという高速の通信規格のおかげで実現できるのです。

　おそらく、これらのテクノロジーについてはよく知らないままに使っている人がほとんどでしょう。いま現在は、それでいいかもしれません。

　しかし今後、テクノロジーはさらに複雑化し、難化していくと予想されます。使うことも、使いこなすことも苦労する未来がやってくるのです。

さらには、情報格差（デジタルデバイド）という課題もあります。情報格差とは、スマートフォンなどのデジタル機器を持つ人と持たない人の間でできる格差のことです。例えば、スマートフォンを使いこなすことができないと、知り得る情報の量や質に差が生まれ、能力や収入などに格差が生じてしまいます。

この格差は既に始まっています。典型的なものでは、起業家や投資家と、一般人の間に見られる格差です。

起業家や投資家は、常に最先端のテクノロジーを「知る」ことで、どのようにビジネスに繋げるか、どのように未来を創り上げようかということを日常的に考えています。だからこそ、ビジネスで成功し、巨万の富を得ることができるのです。

日本政府も起業家や投資家を育成し、支援する政策を打ち立てていますが、そうした支援策においても、ベースとなる1つにテクノロジーの活用は欠かせません。

製品やサービスに実装されるテクノロジーはもちろんのこと、製品を製造するときや、サービスを提供するときにも、テクノロジーは使われています。さらには、製品やサービスを販売するとき、マーケティングのときにさえ、テクノロジーは使われているのです。

多くの起業家や投資家は、テクノロジー脳を実装しているからこそ、ビジネスでの成功が可能になっています。ちょっと極端な例じゃないかと思われたかもしれません。もちろん、巨万の富を手に入れた起業家は極少数ですが、ビジネスの成功の有無に関わらず、まずはビジネスの種を見つける、起業する、チャレンジするという視点に立てば、テクノロジー脳があるかないかでは大きな差が生じることになります。

未来にはない職業

こんなニュースを耳にしたことはないでしょうか。

ＡＩに取って代わられる職業がある、と。

例えば、一般事務職、タクシーや電車の運転手、スーパー・コンビニの店員、銀行員、警備員、ライター、会計監査、ホテル客室係、コールセンター業務などの職業は、将来なくなると指摘する人もいます。

なぜこれらの職業は、未来になくなると言われているのでしょうか。

それは、いわゆるルーティンワークで、複雑な思考やアイデアの創出を求められることが少ない職業だからです。ＡＩに仕事内容を機械学習させ、ロボットやコンピューターに実施させてしまえばいいのです。


そうなれば、企業側は人を教育するために必要な費用と時間、給与として支払う費用、福利厚生、社会保険料などの人件費を削減することができます。みなさんが企業の経営者だったら、当然、ＡＩを選択しませんか？

いや、複雑な検討や分析、そしてアイデアの創出を必要とする職業でさえ、ＡＩが仕事を担ってくれる世界が既に来ているとも考えられます。最近は、生成系ＡＩが絵も描いてくれますし、興味深い文章だって書いてくれます。作曲だってしてくれます。

そんなに遠くない将来、ＡＩは大活躍をしているかもしれません。


私はこの職業で一生やっていく、と豪語する人もいるでしょう。でも、そんなことを言っていても仕方ないのです。だって、これらの職業はなくなってしまうのですから。

今後は別の職業に就くか、新しく起業するしか方法はないように思えます。

私たちは一人ひとりが自分で未来を生き抜く力を身につけていくしかありません。そのためには「テクノロジー脳」が必要です。

テク脳とは「シン・理系的思考整理術」である

本書では、第1章から第6章にかけて、テクノロジーを理解する「手法やコツ」について述べます。手法やコツは、7ページの「本書の目的」の2つ目にあたります。

第1章では、読者のみなさんが「知らない」ことに出会う「タイミング」や、そのときの「心理」を理解するために、一人ひとりが持つ「知らない」の癖について取り上げます。

第2章では、いきなりテクノロジー脳をつくるのではなく、「知らない」という状況から「知る」という状況に脳を意識的に動かしていくための心構えについて述べます。

第3章から、テクノロジー脳をつくる方法を具体的に解説します。この章では知らないテクノロジーについて調べる手法や、調べた内容・情報源を精査する手法を学びます。

第4章では、知らないテクノロジーを理解する方法や、すぐには理解できないときの取り組み方を紹介します。

第5章では、第3章や第4章で学んだ手法を使うことで、本当に理解できているのか、間違って脳にインプットされていないかを確かめる方法を紹介します。

第6章では、より深く、よりスピーディーにテクノロジーを理解できるような手法を学びます。

最後の第7章では、本書の目的の5つ目で挙げたように、未来を想像できる、予想できるようになる考え方を解説します。

なお、本書の目的の1つ目であるテクノロジーの基礎的な知識は、本書全体を通して触れていきます。現在や今後において、文系・理系に関わらず、みなさんの仕事や生活に影響を及ぼすものや、その可能性が高いテクノロジーを中心に取り上げました。既にその技術を使って初期サービスを展開している企業もあります。構えることなく読んでもらえればと思います。

ただ、申し訳ないのですが、本書はみなさんを「天才」にすることはできません。天才とは先天的に、周囲よりも秀でた能力を持った人のことなので、本書でどうこうするのは難しいのです。

しかし、みなさんを「秀才」に導くことはできるかもしれません。秀才とは、後天的に、人よりも秀でた能力を身につけた人のことを指しますから。

未知なるさまざまなテクノロジーを理解できるようになること、言い換えれば、テクノロジー脳を実装し、未来を生き抜く人材に変化するお手伝いはできるのではと思っています。

そしてもう1つ。

「テクノロジー脳の実装」とは、テクノロジーについての難しい専門書をすらすら読めるようになって、研究開発ができるようになって、ものづくりのプロになって、研究者やエンジニアのレベルに達せよ、ということではありません。

テクノロジーを自分なりに理解できるようになって、自分なりに未来を予想できるようになることが「テクノロジー脳の実装」です。

ゆっくりでもいいので、本書で紹介する手法を、ぜひ繰り返し実践してみてください。

今までにはない発見が1つでもあることを願っています。

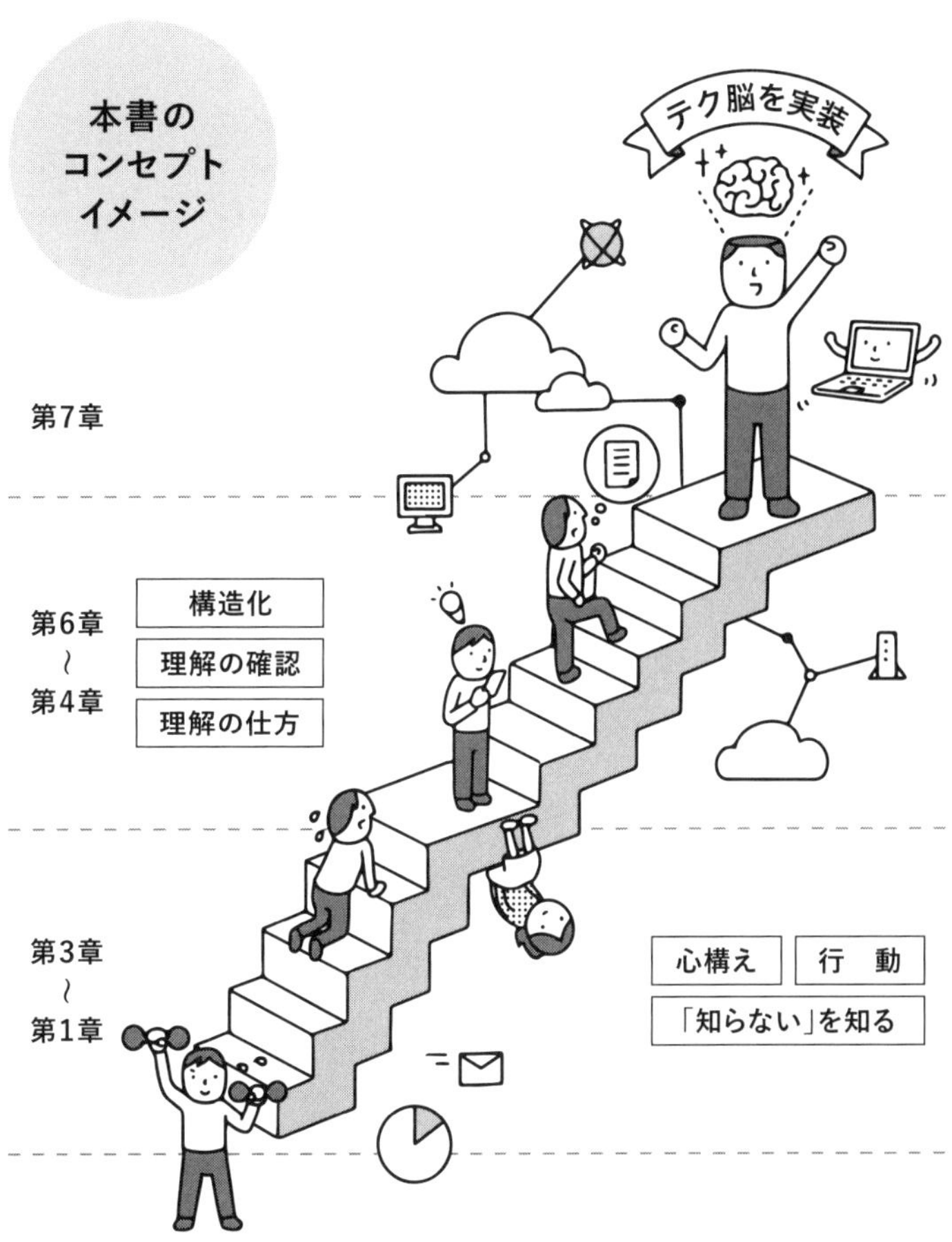

テクノロジー脳は、階段を一段ずつ上っていくようにつくります。最初は、「知らない」ことの存在を認識し、心構えを持って行動してみましょう。第3章までは基礎トレーニングになります。「知らない」ことに出会えるようになったら、理解の仕方を学び、本当に理解できたのかを確認します。さらに「構造化」によって理解の質を高めます。階段を上りきったら、新しい景色を楽しみましょう。

CONTENTS

CHAPTER 3

「知る」ための行動10箇条

CONTENTS

CHAPTER 4 「知らない」ことをどうやって理解するか

CONTENTS

CHAPTER 5

わかったのかは常に疑う

CHAPTER 6

「知る」ための構造化のススメ

CHAPTER 7

テクノロジー脳の計り知れないメリット

CONTENTS

※本書は2024年6月時点の情報をもとに執筆されています。

CHAPTER 1

「知らない」とはどういうことか

1 「知らない」に出くわすとき、人は誰にも「癖」がある!?

みなさんは自分の「癖」をどれほど認識していますか。

人は誰でも、癖というものを持っています。例えば、仕事中や勉強中でも、ペン先を出し入れしてカチカチと音を鳴らしてしまう、これは立派な癖です。カチカチ音を人から「うるさい」と指摘されて、はじめて自分の癖に気づいた人もいるかもしれません。

嫌がられる癖であったとしても、当の本人からすれば、何かを真剣に考えている最中ということもあります。カチッという音を立てたときに新しいアイデアがひらめいているのかもしれません。相手の発言にムッとキレて鳴らしているのかもしれません。重要なタイミングでカチッと音を立てることが一種のルーティーンになっていることもあるでしょう。ヒットを量産した元メジャーリーガーのイチロー選手が、バッターボックスに入ってスイングをするまでのルーティーンと呼ばれる癖のように。

癖とは、行動に関するものだけではありません。思考においても癖があります。

仮に、自転車用エアバッグを売る会社があるとします。まだ世の中に普及していないエアバッグ製品だったとして、販路と売上拡大のためには国内トップクラスのシェアを誇る自転車メーカーA社と事業連携をしたいところです。これが事業成功の鍵と位置づけたとしますが、なかなかうまくいきません。というのも、A社がこの製品を発注してくれないのです。そのため、社内会議を開いて課題の抽出と解決策を検討することになりました。

出席者の多くは、A社がこの製品を発注してくれないことについて、

「実はA社も自社製の自転車用エアバッグを開発しているのではないか」

「我が社のエアバッグの品質が良くないと感じているのではないか」

などと具体的に可能性を挙げました。

一方、チームリーダーは「A社は我が社が嫌いなんだよ」「我が社のような中小企業を相手にするわけないじゃん」「A社は自転車用エアバッグにニーズがないと思ってるんじゃないの」と発言しました。

さて、どうでしょうか。チームリーダーは「嫌い」「相手にするわけない」「ニーズがないと思われている」という発言を繰り返しました。これでは、**その先の思考が停止**してしまいます。「嫌い」となれば、「じゃあ、これで終わり。次はないね」という考えになってしまうからです。

このチームリーダーの発言からは、思考の癖がうかがえます。当初、会議参加者はみんな、A社が製品を発注してくれない理由がわかりませんでした。つまり、「知り得ない」ものがありました。

それに対してチームリーダーは「我が社は嫌われているから」と考えたのです。仮に「嫌い」であるとすれば、その理由を「知り」、好きになってもらう施策を練る必要があります。

また、チームリーダーはメンバー全員の力を引き出して先導する役割を持つので、言いにくい意見でも言えるような雰囲気をつくって、今できうる最良の解決策を見出すべきです。しかし、チームリーダーが否定的に発言しては、メンバーの思考停止に至らしめることになります。さて、このチームリーダーは自分の癖に気づいているでしょうか。

ちなみに、思考の癖は生活環境や近しい人の思考が大きく影響します。特に、親や親戚と似たような思考になることが多いものです。友人の家族に会ったときに、何気ない発言が友人そのもので驚いた経験はないでしょうか。

しかし、思考の癖を自分で気づくのはちょっと難しいかもしれません。**他者の目にはわかりやすく映っても、自分では「いつもの通り」に考えているだけ**ということもあります。何気なく発言した後で、周囲が急に黙ったり、話題に広がりがなくなったりしたら、自分の思考の癖を疑ってみるといいでしょう。もちろん的確な発言をして、みんながぐうの音も出なくなってしまった可能性はあります。でも、何気ない一言によって相手を思考停止にしてしまっていることもあるかもしれません。

私はこうした思考自体を否定したいわけではありません。それはその人の「癖」であるだけですから。けれども、自分の癖を認識することは、テクノロジー脳のために重要です。まずは本章で自分の癖を上手に修正し、テクノロジー脳の下ごしらえをしていきましょう。

2 「知らない」を取りこぼさない

人はどのようなときに「知らない」ことに出くわすでしょうか。「いつも出くわしてるよ」「知らないことって突然出くわすでしょっ?!」と言われるかもしれないですね。では、「知らない」に出くわすときはどんなシーンが多いでしょうか。授業中、友人との会話、上司や客先との会話、ニュースを見ているとき、新聞、雑誌、インターネット……シーンはいろいろありそうですね。

私は仕事柄、パソコンをよく使います。インターネットからの情報に日々晒されているので、「知らない」に出くわすのはもっぱらネットからになります。最近出くわした「知らない」は「クロモ・エンクリプション」という用語でした。仕事で科学記事を執筆することになってネタ探しをしていたときに、ＥＰＦＬ（スイス連邦工科大学ローザンヌ校）のプレスリリースをネットで読んでいて見つけたのです。ちなみに「クロモ・エンクリプション」とは色を使って情報を暗号化する技術のことだそうですが、クロモ（色）とエンクリプション（暗号化）の2つの用語が普通は結び付くことがないので、名前からして興味を惹かれました。「クロモ・エンクリプション」の詳細はここでは割愛しますが、私はこうしたネット検索で「知らない」に出くわすことが多いです。

テレビからの情報で「知らない」に出くわすこともあります。例えば、テレビ東京のワールドビジネスサテライトという番組を見ていると、トレンドたまご（通称トレたま）というコーナーがあります。一般人の目には届きにくい斬新なビジネス領域にフォーカスしてくれるので、とても勉強になるコーナーです。いろいろなテクノロジーが開発された理由や、どのようにビジネスを展開しているのかなどの視点でも知らなかった情報をたくさん与えてくれます。

このように、**人は「知らない」に出くわすのにパターンを持っていて、それは言い換えれば「癖」のようなもの**です。「知らない」は、自分が長い時間に接しているものだったり、意識しているときや集中しているときに出くわします。

自分が「知らない」に出くわしやすいのはどんなときなのかは知っておいたほうがいいでしょう。なぜなら、「知らない」を取りこぼしたくないからです。**取りこぼしてしまったら、もう二度と「知らない」に出会えない**かもしれません。二度と出会えないということは、一生、その「知らない」を「知る」に変えることができないかもしれないのです。大袈裟だと思うかもしれませんが、その「知らない」情報は自分の人生を変えてくれるかもしれません。それくらいの気持ちが大切です。

取りこぼさない方法は第3章で述べますが、方法を知っているのと知らないのでは、心構えやツールを使う効果に大きな差が出ます。**「知らない」を「知る」に変える機会を有効活用**してほしいと思います。

また、経済学者の成田悠輔氏は、ネットフリックスやユーチューブがユーザーの嗜好に合わせてコンテンツを自動でリコメンドすることに対して、一見便利だが、新しい発見の機会を阻害し、閉じた殻から逸脱できないものになってしまうのではないか、ということを述べています。

私も全くもって同感です。ネットフリックスやユーチューブを批判したり非難しているのではありません。この便利な機能を付け加えてくれたおかげで、楽しい時間を効率的に作ることができているのは確かです。趣味趣向に合わせたものを、ＡＩアルゴリズムが勝手に準備してくれるので検索することなく視聴ができます。動画を見ていて楽しいですし、なにも考えなくてもよいので楽です。

しかし、これでは新しい発見の機会を逃し、自分の知らない外の世界を知り得ないことになってしまいます。趣味趣向に合うものだけを視聴していると、徐々に「知らない」ことは減っていき、新しいことはなかなか増えていきません。**新しいことが増えないということは、情報量が増えない**ということです。さらに、新たなものの見方や気づきを得られなくなっていきます。

ですから、みなさんも自分がなぜ「知らない」に出くわしていないのかを考えてみてください。自分の癖がわかれば、今まで興味のなかった分野の動画を選択してみたり、友人やメディアで紹介された映画やドラマを観てみたりと、普段の自分とは違う選択肢も増えてくると思います。自分の「知らない」に出くわさない癖を知って、意識的に自主的に、新しいことに出くわす機会を増やしましょう。

3 「知らない」に出くわしたときの心理は3つ

では、「知らない」に出くわしたときはどんな気持ちになるのでしょうか。「知らない」に出くわすと、心理状態は大きく3つに分かれます。

①「知らない」ことを「知らない」と認める（自認する）。
②「知らない」ことを「知らない」と認めない（自認しない）。
③「知らない」ことをスルーする。

①はわかりやすいですね。自分が「知らない」ことを知らないと、素直に認識している状態です。これができている人は、新しいことを知りたい、学びたい、成長したいという意欲が強いか、もともと素直な性格なのだと思います。

「知らない」に出くわしたときの心理状態（気持ち）

①「知らない」ことを「知らない」と認める（自認する）

②「知らない」ことを「知らない」と認めない（自認しない）

③「知らない」ことをスルーする

②は、「知らない」ことを他人に知られたくない、自分の立場を守りたい、バカと思われたくないなど、プライドが高い人に多い印象があります。個人差はあるにしろ、人には他人からよく見られたいという承認欲求があります。言葉は悪いですが、承認欲求から派生した、偏屈で意味をなさないプライドが邪魔をすると、②の行動に繋がります。例えば、年齢や職位が上の人間が、年下や部下が知っていることを知らないときに、「自分はそれを知らない」と認められないことはないでしょうか。

器用にこなす人間は「知っている」とその場では豪語するものの、「知らない」ことをしっかりと自認し、後に自らキャッチアップすることもあります。こうしたタイプは①に包含していいでしょう。

③は、「知らない」ことを聞いたり、見たり、読ん

だりするにもかかわらず、**「知らない」と脳が認識せず、素通りしている状態**のことだと定義したいと思います。

例えば、情報が片方の耳から入り、そのままもう片方の耳へと抜け出るケースです。普段から「調べる」ことをしないので、新しいことを学ぼう、取り入れようという気概がないか、行動することに面倒臭さを感じているのかもしれません。以前に自己流で調べたけれど理解できなかった経験があって、「どうせわからないし」という「どうせ病」を患っていることもあるかもしれません。「どうせ」という気持ちになると自ら思考と行動を止めてしまうのです。また、情報全般を無意識にスルーしがちな性格である場合もあると思います。

みなさんが「知らない」に出くわしたとき、この3つの中のどの心理状態になっていますか。そして、本当はどの心理状態が望ましいと思いますか。もちろん、①がいいでしょう。②や③の心理状態では、「知らない」を「知る」に変えることは非常に難しいからです。

では、どうやったら①の心理状態になれるのでしょうか。第2章で詳しく述べたいと思います。

4 「知らない」にも3種類ある

「知らない」ということ自体にも3つの種類があります。

①調べなくても予想がつく「知らない」
②調べれば理解できる「知らない」
③調べても、理解しようとしても理解できない「知らない」

①の「調べなくても予想がつくもの」として、「ナノマシン」という用語で考えてみます。もし「ナノマシン」の意味を知らないと、その用語が使われた文章をざっと読み進めても難しそうで理解不能と感じるのではないでしょうか。

けれど、**予想をつけるにはコツ**があります。

最初に、1つの用語を複数の単語に分解してみます。すると、ナノマシンは「ナノ」

と「マシン」に分けられるのではないかと気づきます。

次に、カタカナは外国語、特に英語を表記したものが多いので、知っている英単語で当てはまるものはないかと考えてみます。マシンという英語であれば、コーヒーマシンやトレーニングマシンが、映画や漫画の世界ではタイムマシンやマシンガンなどが思い浮かぶのではないでしょうか。これらから、機械、装置、ロボットなどがイメージできます。

では、「ナノ」はどうでしょうか。意味を知らなかったときは日常生活に目を向けてみるのもコツの1つです。例えば、コロナ禍で需要が増えたマスク。当時、マスクの前に「ナノ」とついた商品をよく見かけました。洗濯用洗剤でも「ナノ○○○」という名前を聞くことがあります。そういえば化粧水やシャンプーにも。こうやって「ナノ」は非常に小さな細かいものを意味するのだろうと推測することができます。

ここで種明かしです。「ナノ」は10のマイナス9乗メートルというとても小さなスケールを表す接頭語で、「マシン」は機械装置やハードウェアを表す言葉です。つまり、「ナノマシン」とは非常に小さくて機械のような働きをするものを指します。実際のところ、理系の人間はナノという単位は知っているでしょうが、文系では知らない人も多いかもしれません。

このように、多少の用語を知識として持ち合わせていれば、調べなくてもコツを使うことで「知らない」を「知る」に近づけられます。

②は、媒体は何でも構わないのですが、インターネット検索や文献などで調べ、その調べた結果を読むことで自分が理解できるものを指します。

例えば、A社が「A社、経済産業省が定める【DX事業者】に認定」というタイトルのプレスリリースを発表したとします。そしてこのDX事業者のことを知らないとしましょう。

A社が経済産業省が定める認定制度のようなものに選ばれたことはわかります。しかし、経済産業省はなぜこうした認定制度を作ったのだろうという疑問は残ります。DX事業者とは何なのでしょうか。

ここで①で示したコツを使ってみます。DX事業者を複数の単語で分解してみると、「D

Ｘ」と「事業者」に分けられそうです。事業者は企業のことだとわかりますね。

しかし、ＤＸの意味は予想がつきません。さらにＤＸを複数の単語に分けてみても「Ｄ」と「Ｘ」ではさっぱりわかりません。こういう場合は多くが略語になっています。そこで、予想をつけるのはやめて、インターネットで調べてみることにします。インターネットでは、例えば次のように記載されているでしょう。

> ＤＸとはDigital Transformationの略称。ビッグデータやＡＩ、ＩｏＴなどのデジタル技術を活用することで、これまでの生活や業務を改善し、より良いものへと変革させること。

なるほど、ＤＸとはデジタル技術を使って生活や業務をより良くしていくことだと理解できます。ちなみに、Digital Transformationなのに、なぜＸが使われるかというと、「Trans-」はＸと書く習慣があるからです。

次に「経済産業省が定めるＤＸ事業者」について見てみましょう。

これは経済産業省が公開しているサイトを見るのが一番です。というのは、省庁は信頼できる情報を公開しているからです。サイトには次のように記載されていました。

> DX認定制度：国が策定した指針を踏まえ、企業がデジタルによって自らのビジネスを変革する準備ができている状態になっている事業者を認定。

こうしてDX認定制度について知ることができました。大事なのはここで思考停止せず、「なぜ経済産業省はこのような認定制度を作ったのか」「なぜ事業者はこのDX認定制度を利用しようとするのか」と**問いを膨らませていく**ことです。なお、「知らない」を調べて理解する手法は第3章と第4章で紹介しますが、ここでは右の問いに答えておきましょう。

経済産業省がDX事業者として認定すると、事業者はDX認定制度のロゴマークを使えます。また、中小企業は金利優遇などの金融支援措置を受けることができます。さらには、デジタル関連投資における税制の優遇が受けられたり、人材育成のための助成金を受けられたりと、事業者側にはたくさんのメリットがあるのです。

最後に③です。これは「知らない」ことをインターネット検索や文献で調べて読んでみたものの、全く理解できない場合で、誰にでも経験があると思います。全く理解できないときの対処法については第4章で述べますが、悲観することはありません。誰だって、自分が学んできた分野と大きく異なる分野はわからないことばかりになるものです。

例えば私は、学生時代から物理学と工学を中心に学んできました。化学は大学受験のために学びましたが、身につけた知識は使わないと徐々に記憶が薄れていきます。ですから医学や生物学については「知らない」ことが多いので、こうした分野の「知らない」を「知る」に変えるには、時間と労力が必要です。でも、本書で紹介するノウハウを日々実践し、繰り返しているので、「知らない」に出くわす確率を減らすことができています。

「知らない」を「知る」に変える労力は、工夫次第で軽減できます。つまり、③を②に変えることだって、やりかた次第では可能になります。

5 「知らぬが仏」は人間関係に限定を

以前、私は知り合いのA氏に「知る」ことの大切さについて話をしていました。するとA氏は、次のように言ったのです。

「知らなくてもいいこともありますよね。知ることでデメリットになったりすることもありますよ」

さて、「知らなければよかった」とはどんなことでしょうか。知ることで苦しい気持ちになったり、不利益を被ったりすることはそうかもしれません。ちまたで「知らぬが仏」とされる類いのものは、多くが人間関係による悩みと言えそうです。例えば「好きだった人が別の人と付き合っていた」は「知らなければよかった」に入るでしょうか。

しかし、テクノロジーについては知らないほうが良かったというものはありません。「知る」ことによって知識は増えます。**知識が増えれば、より良い方向に判断できる**ようになります。**未来が予想できる**ようになります。

テクノロジーに関して「知る」ことにデメリットはないので、賢く生きる術としてコツを身につけていきましょう。

CHAPTER 2

「知る」ときには心構えも必要

1 「知らない」が「知る」に変わるメリット

さっそくですが質問です。「知らない」ことを「知る」と、何が身につくでしょう。

当然、まずは「知識」ですよね。知識を得ると、新しいことに気がつきやすくなり、視野が自然と広がるようになります。「知らない」ことを新しく「知る」ことで、知識はどんどん増えていきます。

知識が増えていくと、1つ1つの点でしかなかった知識が、線として繋がり始めます。脳は「なるほど」と思う経験を増やしていくことになります。

さらに知識が増えていくと、たくさんの線が集合し、面を形成するようになります。するとと今度は、ものごとを総合的に知るようになり、ものごとの由来や理由など背景もわかってきます。徐々に問題点や課題も理解できるようになり、その解決策も頭に思い浮かんでくるようになります。

みなさんの中には、「それは理想論じゃないか」と思う人もいるでしょう。でも、誰でも多かれ少なかれ、似たような経験があるのではないでしょうか。

コンビニでのアルバイトを例に考えてみます。まずはレジ打ちを担当することになりました。レジ打ちでは、商品のバーコードをピッと読み取り、袋やエコバッグに詰めてお客さんに商品を渡します。加えて、そのお客さんの見た目や様子から、性別と年齢を想定してボタンを押します。名前の通り「レジ打ち」だと思っていると、なぜボタンを押すのかまでは考えないかもしれません。

やがてアルバイトの仕事に慣れてくると、新しい仕事も任されます。商品の品出し、陳列、廃棄。業者から届いた商品の内容や数が正しいかを確認し、商品棚に陳列します。消費期限切れの商品は廃棄します。この作業の中で「もったいないな」「この商品、全然売れてないじゃないか」と自分なりに気づく機会が増えていきます。

さらに仕事に慣れて商品の発注を任されたとします。発注には、売れ行きや在庫をデータ管理するPOSシステムというテクノロジーを使うのですが、ここで実感をもってレジ打ちのときのボタンの意味を理解できるようになります。あのときのボタンは、どんなお客さんが、いつ、どの商品を、いくつ購入していたのかの記録であり、そのデータがあるからこそ、どんな商品が売れやすいのか売れにくいのかを判断できるのです。このように知らなかったことが1つ1つ繋がって関係性がわかってくると、全体像を論理的に捉えられるようになります。

また、「知らない」ことを「知る」と、知識に加えて「自信」もつきます。

みなさんは、今まで理解できなかったことが理解できるようになると、楽しさを感じませんか。詳しい知識を誰かに話すとき、生き生きとしてはいないでしょうか。新たな知識によってテストで高得点を取ったり、資格試験に合格すると嬉しくなるでしょう。

私も最近は、ChatGPT（生成系ＡＩ）をうまく活用できると気持ちが高揚してきます。「知る」ことはメンタルにもポジティブな影響をもたらします。

さらに、「知る」ことで過去への「反省」の念も生まれるかもしれません。

「どうして私は、テクノロジーの知識を身につけてこなかったのだろう」

「テクノロジーの話題から耳を背けて来た」

でも、過去への反省は成長の証です。その瞬間から、未来を変えるための行動を始めることができます。

新しく「知る」ことで、「目標」や「夢」を見つけるきっかけにもなるでしょう。

ある人は、2016年にノーベル生理学・医学賞を受賞した、大隅良典先生の講演を聞いたそうです。大隅先生が話したのはオートファジーの仕組みの解明についてです。オートファジーとは、人の細胞内で異常なタンパク質の蓄積を取り除いたり、リサイクルしたりするメカニズムのことです。なんだか難しそうですが、16時間断食というダイエットが健康業界で話題になったことがありました。講演の話に興味を持てば、それがきっかけになって研究職を目指してみたいとか、ダイエットや健康などヘルスケア関係の職業に就きたいと思うこともあるでしょう。新しい情報が目標や夢に繋がることもあります。

それに加えて、他者へメリットをもたらすこともあります。新しく知り得たことを他者へと伝えると、その人にも「知る」機会が増えます。知識はもちろん、過去への反省が伝わることがあるでしょう。すると、その人にとっての新たな気づきになるかもしれません。目標や夢を抱くきっかけになるかもしれません。

こうして「知らない」ことが「知る」に変わると、それは一人ひとりにとっての「**成長**」なのです。

さらには、それは「**幸福**」と言えるかもしれません。大金を手にして、美味しいものを食べて、高級なモノを身につけて、豪邸に住むことができれば、それは幸福と言えそうです。

でも、「知る」ことで人生の選択肢が増えて、その中から一番やりたいことを見つけ、必死に取り組んで、思う存分に楽しみ、悲しいときや辛いときにうまく対処することができたら、「知る」ことで得た情報を他の誰かへ伝え、教え、還元していくことができたら、それもまた大きな幸福になると思います。

反対に、知らないままでいると、いつまでも知り得ないことがあるということです。人生において、損をしたり、見失っているものがあるかもしれません。

2 「知らない」を「知る」ために意識すること

第1章では「知らない」ことに出くわすタイミングやそのときの心理状態を紹介しました。再度、ポイントをまとめて、おさらいしてみましょう。

「知らない」ことに出くわすタイミングは次の2つでした。

・最も時間を費やしているシーン
・難しいことに触れているシーン

また、「知らない」ことに出くわしたときの3つの心理状態は、

①「知らない」ことを「知らない」と認める（自認する）。
②「知らない」ことを「知らない」と認めない（自認しない）。
③「知らない」ことをスルーする。

でした。
ここでは、②と③の心理状態を、①の「自認すること」へと変えるために意識すべきことを紹介します。

タイミングに注意して「知らない」を取りこぼすな

最初にしたいのは、「知らない」ことに出くわす自分のタイミングに注意することです。言い換えれば、**気持ちを準備させた状態**をつくって「知らない」ことを少しも取りこぼさないようにします。

人は、最も時間を費やしているときや、難しいことに触れているときに自らの行動そのものに集中しています。集中自体は悪くないのですが、その行動に気を取られて「知らない」に気づけないことがあります。ですから、「知らない」ことが出てくるかもしれないぞ、取りこぼさないようにしようと常に意識しておくことが肝要です。

スルーするな、立ち止まれ！

次に気をつけたいのは、**「知らない」ことをスルーしない**ことです。

意識的にアンテナを張っても、「知らない」を取りこぼす可能性はゼロにはなりません。なぜなら「知らない」に出くわしても、脳が認識できずに素通りしてしまうことがあるのです。

なぜ認識できないかといえば、第1章でも述べたように、新しいことを学ぼうという気概がない、行動することが面倒くさい、過去の負の経験を引きずっている、もしくは本人の性格的な側面として「知る・知らない」に関わらずスルーするということがあります。

だからこそ、こんな工夫がお勧めです。

「知らない」ことが出たら必ず、「え？」「何？」と声に出してみます。この行動を自分の癖にしてしまうといいでしょう。声に出せないときは、頭の中でつぶやくだけでも結構です。公共の場で突然声を出してしまうと変な人だと思われてしまいますので。

これはとても大切な行動で、「知らない」ことに脳が反応した途端に声が出るという「条件反射行動」をつくることができます。

もう1つ、工夫があります。「知らない」ことがないか、**ゆっくりと丁寧に確認する**ことです。

文書を読んでいるときは、一言一句意味を押さえながら、「知らない」用語はないか確認してください。もし「これは知らない」と脳が反応できたら、立ち止まれるようになります。一瞬の脳の動きで、読んだり聞いたりする行動を止めましょう。

さらにもう1つ、効果の高い工夫があります。**読んでいる文や、聞いているセンテンスを別の言葉に置き換えたり、補ったり、声に出して発言してみる**のです。発言の代わりに文字として書いてもいいです。

眼や耳で聞いて脳で理解して終わりではなく、さらに別の言葉や具体的な表現に変換して言葉で表してみます。

ちょっと試しにやってみましょう。

「A社はDX化を推進することでコスト削減できたらしい。社員全体のITリテラシーも上がったらしい」という話を聞いたとします。

このセンテンスにおいて、

・どのようなDXを取り入れたのか（DXとは何か）。
・なぜ、コスト削減ができたのか。
・ITリテラシーとは何か。
・なぜ、ITリテラシーが向上したのか。

を補い、具体的にしてみるのです。すると、次のようにできそうです。

・A社は、ペーパーレス化、判子レス化、ルーティンワークの自動化、クラウド環境によるリモートワーク化で業務効率が向上し、コストが削減できた。
・DX化により導入されたデジタルツールを使うことで、社員全体のITへの理解や能力が向上した。

最初の会話には「〜らしい」という仮定や想像が入っていました。それを具体化してみることで、どの部分を自分は「知らない」のかを明確にできます。

たとえ「知らない」ことを脳が認識しなくても、**別の言葉に置き換えようとすると「知らない」ことは簡単に置き換えられない**ので、「知らなかった」と気づくことができます。このように、別の言葉への置き換えはよい練習になります。

「知らない」と自認する小さな勇気

では、「知らない」ことを素直に認める（自認する）にはどうしたらいいでしょうか。素直に認められない人は、「知らない」ことを人に知られたくない、バカと思われたくない、自分の立場を守りたい、などとプライドが高いように思います。承認欲求によってこうした心理状態になってしまうので、まずは**「プライドを捨てる」「素直になる」**という２つができるようになりましょう。

学生や20代〜30代の人はまだ若いので、頭も柔らかく、比較的容易にこの２つはできるのではないでしょうか。ただ、「知らない」ことを認めるのは「恥ずかしい」「カッコ悪い」「ダサい」と感じるかもしれませんね。若い頃は、異性を意識したり、友人と比べて優劣をつけたりしがちな時期でもあります。私も若い頃はそうでした。

シニア以上の人ではどうでしょう。プライドを捨てる、素直になるというのは、年齢を重ねれば重ねるほど難しくなってきます。私もシニア世代になったので、その気持ちは痛いほどわかります。

年齢を重ねると、成功体験に基づくその人なりの独自のやり方が確立しているものです。それを変えようとするのは簡単ではありません。長年積み上げてきたものが崩壊してしまうのではないか、というある種の恐怖感があるからです。

では、どうしたらプライドを捨てられるのでしょうか。

まずは、プライドが高いと思う友人や知人を思い浮かべてください。そして、彼らが絶対に非を認めずに、断固として考えを変えない、そんなシーンを想像するとどうでしょうか。うーん、何だかカッコ悪いですよね。**人の振り見て我が振り直せ**です。

プライドは捨てようと思えたら、あとは「知らない」ことは「知らない」と素直に認めるだけです。素直になることにおいて、積み上げてきた自分の方法を変える必要は全くないのです。

3 新しいことは、まずは受け入れる

ここでちょっと昔話です。学生時代の私は、分厚い英語の辞書を毎日カバンに入れて持ち歩いていました。当時、学校の先生からは「辞書を引くという行為が大切だ、調べたところに蛍光ペンで線を引くように」と教えられていたので、学校指定のその辞書以外を使うことはタブーだとさえ思っていました。

ある日、友人が電子辞書を持ってきました。電子辞書のほうが軽くて持ち運びやすいし、調べるときは入力するだけで簡単だよ、と教えてくれたのです。そこで、私は友人から電子辞書を数日貸してもらいました。

するとどうでしょう、こんなにも勉強がはかどるとは！　紙の辞書は引くのに時間が

かかり、持ち運ぶのも重くて気が滅入るのに、電子辞書はこんなにも便利だなんて。私は、親に頼んで電子辞書を買ってもらうことにしました。**新しいことを受け入れると良い発見がある**と実感した瞬間でした。

似たようなことは今の時代にもたくさんあるのではないでしょうか。例えば、生成系ＡＩです。

クリエイターの中には危機感のある人も多いかもしれません。絵も小説もシナリオもＡＩが書いてくれる時代なんて、絶対に受け入れることはできないと思うかもしれません。でも、ある芥川賞受賞者は、少なからず生成系ＡＩの力を借りたそうです。

ここで注意したいのは、**本質的な目的は何か**ということです。

英語の辞書の場合、辞書を引くことや蛍光ペンで印を付けることが目的ではありません。目的は英単語を覚え、英語を読み、書き、聞き、話し、そして英語テストの点数が取れることです。

クリエイターであれば、面白い小説や売れる小説、賞をもらえるような小説、評価されるドラマシナリオを制作することが目的ではないでしょうか。

アルゴリズムによるリコメンド

アルゴリズムが自分の好きなものを積極的に勧めてくるので、
「知らない」ことに出くわしにくい。

そうであれば、生成系ＡＩの助けを借りてもいいのではないかと思うのです（法律やルールに沿った使用が必要ですが）。

まずは試しに使ってみて、違和感があったり、効果を実感できなかったりしたら、そこで使うのをやめればいいだけの話です。

補助ツールを見つけて使い倒す

それ以外にも、理解を助けるツールはないかと常にアンテナを張っておきます。

すぐに思いつくのは、何と言っても「本」です。私は定期的に書店へ行き、ビジネス書や啓蒙書の棚は必ず確認します。

書店には、深い教養が得られる本、仕事術に関する本、お金を稼げるようになる（と謳う）本、成功者や著名人の人生を紐解く本などが所狭しと並びます。目に入った本の表紙や背表紙を見て、興味がわいたら手に取って、まずは目次を開きます。気になるキーワードが見つかれば、それを手がかりにさらに読んでみます。

ユーチューブなどの動画サイトも同じです。ユーチューバーの中には、さまざまな分野で成功した著名人や、テクノロジーを解説する専門家がたくさんいるので「知らない」ことを「知る」機会にたくさん出くわします。書籍の要約を紹介するチャンネルや仕事の効率化を教える動画も多数あって飽きません。私はビジネス系ではニューズピックスやピボットをよく観ます。

ただ、注意すべきは、ユーチューブ側のアルゴリズムが視聴者の嗜好を読み取り、リコメンドしてくる動画もあることです。

こうした動画では、「知らないこと」に出くわしにくくなります。ですから、新しいユーチューバーを見つけたいときは、わざとネット検索をして動画を探すといいでしょう。

他には、オーディブルなどの音声サイトも活用できます。私は有益だと思える本を見つけたら、オーディブルで検索して聞くこともあります。電車や歩きながらの移動中でも情報をインプットできるので、効率的に時間を過ごせます。

生成系ＡＩも良いツールになります。最近よく使われるのはやはりChatGPTです。ChatGPTに質問を入力すると、知りたい情報を教えてくれます。生成系ＡＩに関するさまざまなテクニックを紹介する動画やサイトもあるので、そこで調べてから使ってみるのもいいでしょう。

一人の人間の脳だけを使って「知る」に変えるには、時間的にも情報量的にもすぐに限界を迎えます。便利な時代を生きるみなさんは、複数のツールを使って、賢く効率的に情報を得てほしいと思います。

CHAPTER 3

「知る」ための行動10箇条

1 メモ魔になる

本章からは「知る」を増やす行動について述べていきます。

まずは基本的なことからです。「知らない」に出くわしたら「すぐにメモ」を取りましょう。後から取るのではありません。その場で「すぐに」メモを取ります。その理由は3つあります。

1つ目は「備忘」です。

「知らない」ことは突然出現し、あっという間に通り過ぎていきます。

耳から認識する場合は、すぐにメモを取って記録しないと、それがどんな言葉だったのか、どんな内容だったのか、数十秒後にはもう忘れてしまうことがあります。

目から認識する場合は、新聞や雑誌、インターネットで出くわすことが多いと思います。やはりその場でしっかりメモしておかないと、どこで読んだのかともう一度探そうとしても難しくなります。

ですから、「知らない」を取りこぼさないためにも即座にメモを取りましょう。

2つ目は「**復習**」です。

備忘の目的でメモを取ったからといって「知らない」ことを「知る」に変えられたわけではありません。次に必要なのはメモを見返す、つまり復習です。

人は忘れる生きものです。心理学者エビングハウスの忘却曲線によると、人間は一度覚えたことを20分後には4割も忘れてしまい、1日経てば8割近くも忘れてしまうそうです。しかし、24時間以内に10分でも復習すれば、記憶は元に戻るとも言われます。受験勉強や資格試験で思い当たるふしはないでしょうか。習ったことを一度も復習せずにテストに臨んだらどうなりますか？　撃沈してしまいますよね。

3つ目は「**理解**」です。

「知らない」ものが単語や短い文などシンプルであれば、簡単にメモを取ることができ、確認して理解するのも早いでしょう。しかし、長い文章であれば、一言一句間違わずにメモを取るのは難しいものです。

ですので、正確にメモを取るのではなく、長い文章の中から単語や要点、気になった文章を選択的に記録し、最終的には自分の言葉でまとめて整理します。自分の言葉による文で理解することで定着をはかります。

2 メモの手法を確立する

「知らない」ことが出てくるぞ、取りこぼさないようにしよう、と意識的にアンテナを張れたらメモを取る準備をします。準備には2種類あります。

1つ目は「アナログな手法」で、紙とペンを用意します。「知らない」が出現したら、すぐにペンを使って紙に書けばいいだけのことです。昔から行われる方法ですね。

ここで注意したいのは、書いた紙をバラバラに扱わないことです。せっかくメモを取ってもそれをなくしては意味がないので、専用のノートなどを用意しましょう。手元にノートがなくて別の紙に一時的に書いたのなら、そのあとは忘れずにノートに書き写します。テレビやラジオ、講演や会議、新聞、雑誌、書籍などで「知らない」に出くわすときは、このアナログな手法が適しています。A6判くらいのノートがコンパクトで携帯しやすいのでお勧めです。

2つ目は「**デジタルな手法**」です。

まずは耳から「知らない」に出くわしたときの方法です。ノートを持ち合わせていればいいのですが、手元にないタイミングもあるでしょう。そんなときには、スマートフォンやパソコンなどの音声入力機能が便利です。ボイスメモなどの録音アプリを使い、声に出して録音しておきます。

グーグルアプリもお勧めです。検索画面でマイクを模したアイコンをタップし（軽くたたく）、声を出して入力します。音声を入力すると、検索画面にその音声を変換したテキストが入力されます。正しいテキストが入力されたら、検索ボタンをタップします。そして表示される検索結果の画面をスクリーンショットで記録しておけばいいのです。

音声入力を使うためには、スマートフォンやパソコンのマイク機能をいつも有効にしておきましょう。

視覚的に「知らない」ものに出くわしたときにもスクリーンショットを使います。

例えば、スマートフォンやパソコンで何かを読んでいてわからない用語や文章に出くわしたら、画面に表示されている内容をそのまま画像として保存します。入力の手間もないのですぐにメモが取れますね。

他には、PDFとして保存する方法もあります。みなさんは検索エンジンであるグーグルクロームやファイアフォックスを見ていることが多いのではないでしょうか。検索エンジンには「印刷」というタブがあり、印刷タブをクリックすると印刷のウィンドウがポップアップされます。そのウィンドウにある送信先を「PDF」にし、実行すればいいいだけです。

保存したPDFは必ず決まったフォルダに保存し、データを散逸させないように気をつけましょう。

フォルダ名の付け方にもコツがあります。「知らない情報」「unknownINFO」など、自分で後から探しやすい名前にしておきます。

保存するPDFのファイル名には6桁の日付（yy/mm/dd）と、その時点でわからないキーワードを入れておきましょう。

結局はアナログにしろデジタルにしろ、せっかく出会うことができた「知らない」を取りこぼさないことです。ただし、デジタル化としての記録は、著作権などを侵害しない範囲で行う必要があります。

3 メモ代わりのグーグルレンズはこんなに便利！

「知らない」ことが、いつも文字または音声として入ってくるとは限りません。初めて見るものは、なんという名称なのかがわかりません。

人に聞くにしても、それについて説明する必要があります。どこで見たのか、どのような形状か、大きさかなどを伝えようとしても限界があります。そんなときはグーグルレンズが便利です。

以前、私は駅のホーム上から線路のレールを眺めていました。すると中央に長方形の形をした金属の板が設置されているのを見つけました。

気になったのですぐにスマートフォンを取り出し、グーグルレンズで撮影しました。グーグルレンズは**見た目が似ている画像を検索**してくれます。グーグルレンズはあっという間に検索結果を出して、それがＴＡＳＣ（タスク）というものだと教えてくれました。ＴＡＳＣとは「Train Automatic Stop Control のことで、日本語では定位置停止装置といいます。これは電車が駅のホームで正確な位置に停車できるようにするための装置だそうです。

もし、その場でグーグルレンズを使わずにいたら、私はＴＡＳＣを調べたいと思ったことさえ忘れてしまったでしょう。鉄道に詳しい知人に聞いてみたかもしれませんが、曖昧な質問になってしまえば「ＴＡＳＣかなあ」という曖昧な回答を得たと思います。

その点、グーグルレンズはすぐに明確な情報を探し出してくれるのでとても便利です。私はよく利用しています。

4 調べるときは、とにかくネット検索！

「知らない」こと・ものの記録が取れたら、「知る」に変える作業に進みます。十分な時間があれば、教科書や専門書、辞書などを使って調べてもいいのですが、それよりも格段にやりやすい方法があります。「ネット検索」です。ネット検索のメリットはたくさんあります。

・いつでもどこでも、テキストを入力するだけで調べられる。
・重くて分厚い資料を持ち出す必要がない。
・「知らない」こと・ものを説明しているサイトが多数あり、選ぶことができる。
・自分にとってわかりやすい情報を選択できる。

ネット検索が普及していなかった時代は、書籍で調べることが一般的でした。人に聞いて教えてもらうこともたくさんありました。

しかし、専門書は読めない漢字で難解なことを説明していたりするものです。人から教えてもらうことも、相手の説明次第ではピンとこなかったりします。

でも、ネット検索であればこのようなわずらわしさを回避できます。

ネット検索の基本

では、効果的なネット検索とはどんなものでしょうか。

検索サイトはグーグル、マイクロソフトＢｉｎｇ、ヤフーなど、みなさん自身が使いやすいもので構いません。本書ではグーグルを使う前提で話を進めます。

さて、ここでは「カーボンニュートラル」について知らないとします。グーグルで「カーボンニュートラル」と入力し、検索してみましょう。

すると、環境省、資源エネルギー庁、企業のサイト、テクノロジーを扱っているメディアなど、驚くほど多くのサイトが表示されます。検索結果の表示順は、恐らくはＳＥＯ（Search Engine Optimization）によって、刻々と変化するはずです。

たくさんのサイトが表示されたら、まずは上位100〜200件以内に表示されているサイトを選びます。上位100〜200件以内というのは私がよく使う目安ですが、**上位に表示されていればいるほど、専門性が高く、信頼性が高いサイト**であるとグーグルが認識している可能性が高くなります。

ただし、上位表示されていても間違ったことを書いたサイトも存在するので、全てを信じすぎないように注意します。

では、実際にサイトリンクをクリックして、サイトを覗いてみましょう。

ネットの検索結果は2つか3つに絞って比較する

みなさんが「カーボンニュートラル」を検索したとしたら、いくつサイトを確認しましたか。1つから3つであれば、もう少し他のサイトも確認したほうがいいでしょう。少ないサイトから説明を読んでも、本当に理解するのは難しいことが多いからです。

4つから5つであれば合格です。でも、大学の成績でいえば優良可の「可」くらいでしょうか。4つ以上のサイトを見たら、カーボンニュートラルについて何となく理解が進むサイトに出会えたのではないでしょうか。

自分にとってわかりやすい説明だと思うサイトは、最終的に2つか3つ見つかるのが理想的です。選ぶときのポイントは、他者にとってではなく、**自分自身にとってわかりやすいかどうか**です。

例えば、Aというサイトでは次の説明が見つかりました。

【サイトA】
カーボンニュートラルとは、温室効果ガスの排出量と吸収量を均衡させること。

まだちょっと難しく感じますね。特に「排出量と吸収量を均衡させる」という部分が理解を難しくさせているのだと思います。

では、この表現を補うためにBのサイトを見つけました。

【サイトB】
温室効果ガスの排出を全体としてゼロにする、カーボンニュートラルを目指す。

サイトAにあった「排出量と吸収量を均衡させる」という記述は、サイトBでは「排出を全体としてゼロにする」と言い換えられています。少し「なるほど」と思えてきました。

もう少し他のサイトも見てみましょう。Cのサイトでは次のように説明されています。

【サイトC】
CO_2（二酸化炭素）などの温室効果ガスの「排出量」を削減し、森林や植林などの「吸収量」を増やすことで、実質的にゼロにすることをカーボンニュートラルという。

いかがでしょうか。3つのサイトは同じ内容であっても、表現や内容が異なりますね。あるサイトを見てチンプンカンプンだったとしても、**別のサイトを見てみると一気に理解が進む**ことがあります。であるならば、自分と一番相性が良いサイトを使うのがいいのです。

検索結果は1つならず、**2つか3つピックアップ**してください。

ネット検索はいつやるの？

ネット検索はいつ行えばいいのでしょうか。それは**「知らない」こと・ものに遭遇し、メモを取った直後が一番いいタイミング**です。時間を空けると「いつどのようなシーンで遭遇したのか」を忘れ、「何を知らないのか」という課題感が薄れてしまうからです。「知らない」ことの鮮度が悪くなる前に検索して調べましょう。

もし、忙しくてすぐに検索できないときでも、できるだけ時間を空けず、時間を見つけて検索しましょう。その日の夜や翌日、休日でもいいのです。まとまった時間に一気に検索します。

気をつけたいのは「知らない」量が増えてきて調べることが億劫になったり、嫌気がさしたりすることです。「継続は力なり」を合言葉に、細々とでもいいので自分に合った無理のないスタイルを見つけることです。

ネット検索にはワナもある

ネット検索は使い倒した方がいいものの、**検索結果が必ず正しいと鵜呑みにしない**ようにしてください。素性がよくわからない組織や人物のサイト、見るからに怪しそうなサイトも世の中には存在するからです。

先述のようにグーグルの検索結果で上位表示されるのは、専門性が高く、信頼性が高いとグーグル側が評価しているので比較的安心です。

また、社会的な信頼度の高い組織（官公庁や大企業など）のサイトは、前提として説明に誤りや間違いはないと捉えても大丈夫でしょう。

ただ、検索結果のサイトが官公庁や大企業とは限らないこともあります。信頼性に難がある、見るからに間違っていると思われるサイトでも、上位に表示されるケースです。

そうしたときは、次のことを確認してみてください。

・自分が初めて出会うサイトかどうか。

・過去に利用したことがあるサイトかどうか。
・複数の検索結果を確認し、信頼できるサイトと比べて相違はないか。

自分にとってわかりやすいサイト、相性の合うサイトは自然と常用するようになります。それに該当しないサイトの場合は、少し疑ってみましょう。

5 語学を怖がると損をする

ネット検索は日本語で入力するので、当然ながら検索結果も日本語のサイトです。しかし、ネット検索は日本語のサイトに限ったことではありません。できれば、英語で表記されている海外のサイトも確認してみましょう。

やり方は簡単です。第1章でも出てきた「ナノマシン」について検索するとします。グーグルに「nano machine」と英語表記で入力します。

検索すると海外の大学や研究機関、大学のメディアなどが検索に引っかかります。英語表記での検索であれば、検索結果は主に英語表記のサイトとなります。「英語の文章を読まなければいけないの？」と面倒くさくなるかもしれませんね。でも、そんなに心配しないでください。今や自動翻訳という素晴らしいテクノロジーがあります。部分的にたどたどしく翻訳されることもありますが、これらを活用すれば英語サイトを読むスピードが速くなり、理解の助けになります。

自動翻訳にはグーグル翻訳やＤｅｅｐＬがありますが、私はグーグルクロームの拡張機能にある「グーグル翻訳」をお勧めします。海外サイトそのものを、英語であれ、中国語であれ、ロシア語であれ、日本語に翻訳してくれます。

また、サイトにＰＤＦ形式で公開された情報も翻訳できます。

最初にＰＤＦをダウンロードして、グーグルクロームの拡張機能を使わずにグーグル翻訳のサイトを開き、ドキュメントというタブを選択して、ＰＤＦをドラッグ＆ドロップ（ボタンを押したままマウスを動かし、希望の位置でボタンを離す）をすれば、翻訳されたものがアウトプットされてとても便利です。

海外のサイトを活用すると、**日本ではまだ知られていない世界の最先端テクノロジーに触れる**ことができます。

特に、日本のメディアでほとんど報道されていなかったり、海外で先行するテクノロジーであれば、日本語のサイトは多くないはずです。海外のサイトを通じて海外の動向がわかるのは大きなメリットになるでしょう。

例えば、先ほど調べた「カーボンニュートラル」は、CO_2排出量を実質的にゼロにするために、世界では「DAC（Direct Air Capture）」という取り組みが盛んに行われ、既に事業化も始まっています。そうしたことも海外のサイトを読むことでいち早くわかります。

海外のサイトを利用する他のメリットとしては、世界に共通する話題の場合、日本のサイトだけではなく海外での報じられ方もわかることです。ここではグーグルニュースがお勧めです。

グーグルニュースにアクセスすると、ページ右上に歯車の形をしたアイコンがあります。それをクリックすると「言語と地域」が表示されます。使用当初は日本語（日本）

が選択されていると思いますので、English（United States）に変更します。すると、英語で解説された記事がたくさん出てきます。

同じテーマでも**文章表現には自分との相性がある**ので、新たな表現に出会うことで理解が増す可能性も高くなります。日本語のサイトに限らず、海外のサイトでも検索して2つ3つピックアップするといいでしょう。

6 「知らない」ことリストをつくる

「知らない」ことに出くわしたら、リストにまとめてみましょう。

リストを作る目的は、やはり「備忘」と「復習」のためです。リストに残すことで、自分の「知らない」はどんなことだったのかを記録しておきます。

リストの活用方法も「カーボンニュートラル」で説明します。

No.	知らないこと	出会ったタイミング	検索結果1	検索結果2	検索結果3
1	ナノマシン	ニュースを聞いていて	○○○○○○○○	○○○○○○○○	○○○○○○○○
			URL	URL	URL
2	カーボンニュートラル	新聞を読んでいて	○○○○○○○○	○○○○○○○○	○○○○○○○○
			URL	URL	URL
3	DAC	ネット記事を読んでいて	○○○○○○○○	○○○○○○○○	○○○○○○○○
			URL	URL	URL

いったん出会ったカーボンニュートラルという言葉に再度出くわしたとき、もしも「知らない」と感じればリストを見ます。「カーボンニュートラル」の記載があれば、一度は確認した言葉だったと気づきます。つまり、記憶として定着していなかったということです。そこでリストにある検索結果の1から3を読みます。

時間が経ったのち、また「カーボンニュートラル」という言葉に出会ったとして「うーん、記憶にあるような、ないような」とやはり曖昧に感じるかもしれません。

そのときも再度、リストの検索結果を読んでみます。曖昧な感覚は、最初に比べれば大きく解消していると思います。数日後、もう一度「カーボンニュートラル」を確認すれば「わかる、わかる」というような感覚が絶対に来るはずです。すると、第2章でも述べましたが、少し自信がわいてきます。

さらに「知らない」ことを調べてみようという意欲も生まれます。

もちろん、地味で地道なプロセスではあるのですが、**わかったという感覚を一度でも得ると、気持ちがポジティブ**になります。とても大切なアクションなのです。

このように、備忘と復習に活用することで、言葉の意味を定着させましょう。

7 さらに知らないことが出てきたらやっぱり繰り返す！

検索結果でさらに「知らない」ことが出てきたら、やることは同じです。

すぐにメモを取り、ネット検索をして、2つ3つの検索結果に絞り、リスト化をする、この行動を繰り返していきます。

新しい事例で見ていきましょう。

最先端テクノロジー「Ｗｅｂ３（ウェブスリー）」というものがあります。今後、コンサートのチケットやデジタルコンテンツの知的財産権（知財権）、金融取引などに欠かせないテクノロジーになるはずです。

では、「Ｗｅｂ３」がどのようなものなのかを調べてみます。

まずはＷｅｂ３をネット検索で調べます。２つ３つに検索結果を絞ったら、リストに加えます。

さて、調べてみると新たに「知らない」用語が出てきました。「ブロックチェーン技術」です。では「ブロックチェーン技術」について、同じように調べてみましょう。

すると、リストの情報は膨らんでいきます。

リストの例はここまでとしますが、このように「知らない」用語を整理して積み重ねていくと、自分は何を知らなかったのかが具体的にわかります。

ところで、Ｗｅｂ３やブロックチェーン技術について理解できましたか。Ｗｅｂ３は

Web3についての検索結果（例）

No.	知らないこと	検索結果1	検索結果2	検索結果3
1	Web3	ブロックチェーン技術に使うことで実現した分散型インターネットのこと。特定の管理者はいない。	これまでのインターネットよりも安全で透明性が高く、中央集権化されていないウェブを実現する技術。	ブロックチェーン技術を使った新しいインターネットの概念。「データ改ざんのリスクが低い」「取引の透明性が高い」「情報流出のリスクが低い」という特徴を持つため、個人が分散して個人データを管理できる。
		A社	B社	C社

Web3の検索結果から新たに調べた情報（例）

No.	知らないこと	検索結果1	検索結果2	検索結果3
1	Web3	ブロックチェーン技術に使うことで実現した分散型インターネットのこと。特定の管理者はいない。	これまでのインターネットよりも安全で透明性が高く、中央集権化されていないウェブを実現する技術。	ブロックチェーン技術を使った新しいインターネットの概念。「データ改ざんのリスクが低い」「取引の透明性が高い」「情報流出のリスクが低い」という特徴を持つため、個人が分散して個人データを管理できる。
		A社	B社	C社
2	ブロックチェーン技術	不正行為があったとしても、正しい取引ができ、改ざんが非常に難しく、停止しない、多くの参加者に同じデータが分散されている仕組み。	データを暗号技術によってブロックという単位でまとめ、それらを1本の鎖のようにつなげることで取引履歴を正確に維持する技術。	参加者間の取引データが移転する事実を暗号化し、分散的に処理する技術。ビットコインはこの技術の典型例。建築や医療など、さまざまな分野で使われ始めている。世界中の行政機関や企業が導入を検討している。
		あ社	い社	う社

世の中の新たな動きがわかる良い例なので、みなさんにも知ってもらいたくて取り上げました。

従来、情報はある特定の企業や組織に集中（中央集権化）してきました。しかし、最近では情報を特定のところに集中させず、分散させ、透明性や安全性を向上させようという動きがあります。

こうした新たな動きによって、世の中やそれを支えるテクノロジーはさらに変化していくかもしれません。

8 感想は「自分の言葉」を使う

新たな情報を読み終わった後は、自分の言葉で感想を言います。

まずは、「へぇ〜、すごい」「世界初なんだ！」「この企業ってすごい！」「みんなに教えてあげたい！」という簡単な感想で大丈夫です。

頭に浮かんだことをそのまま声に出します。

続けていくとやがて、「本当かな？」「これっていつ実現するんだよ？」「別に新しいことじゃないのでは？」「どこがすごいの？」など、**少し疑いを含んだ感想**が持てるようになります。

読んでも難しい内容だと感じたときは、「難しくてわからなかった」「この部分は理解できた」「理解するのに時間がかかってしまった」「途中で嫌になってしまった」という正直な言葉で構いません。

自分の言葉で感想を言うことを繰り返していくと、「○○のテクノロジーは新しいな」「XXの原理ってよくわからないな」「この企業はいつも新しいことにチャレンジしている」と、徐々に**感想が具体的**になってくるはずです。

感想を言う効能

新しいことに出会ったときの「感想」とは「感想文」ではありません。調べた情報を読んだ後にかしこまって○○文字にまとめるという必要はなく、頭に浮かんだことを自由に発言します。

新しいもの・ことを覚える効果

まるで神経細胞ニューロンが形成されるように、
情報がどんどん繋がっていく。

その発言が正しいか正しくないかを気にする必要もありません。感想を口ずさむうちに、不思議と情報や知識が頭の中で整理され、おおよその正確性がわかってくるようになります。

私自身はこう考えています。情報や知識が頭の中で整理されていない状態は、脳の中の神経細胞、つまりニューロン同士が繋がり合っていない状態です。

しかし、人はものを覚えするとニューロンが新しく繋がったり、太くなったりします。ニューロンが形成されると情報が脳細胞の間を伝わりやすくなるので多くの情報が記憶できたり、頭の回転が速くなったりします。感想を口ずさむことは、このニューロンの発達を促すと思うのです。

感想を言うメリットは、具体的には次のようなものがあります。

・評価すべき点や疑問点を洗い出せるようになる。
・自分なりの気づきを得られるようになる。
・知識を言語化できるようになる。
・知識の定着に役立つ。
・自分自身の考えや意見を持てるようになる。

情報や知識を頭に入れるにはインプットだけの一方通行だけでなく、アウトプットすることにも効果があります。自分の頭で考えて、感想を言ってみる、これを繰り返すことです。

9 数や量をこなそう

さて、「量質転化」という言葉を知っていますか。

これは「量をこなしていくうちに質が上がっていく」という意味です。でも、ただただ数や量をこなすのではなく、「正しい」やり方で続けることが重要です。

それは筋トレに似ていると思います。筋トレはただやっていても筋力はつきません。バーベルやダンベルを正しいフォームで動かす必要があります。また、軽い重量で筋トレをしていても筋力はなかなかつきません。段階的に重量を上げていく必要があります。また、バーベルやダンベルを正しいフォームで動かし、段階的に重量を上げていくと、次第にきれいなフォームになります。効かせたい筋肉にフォーカスすることができるようになります。総じて質の向上に繋がります。

このように当たり前のことを意識して続けることは、テクノロジー脳をつくることと同じだと考えています。

10 調べるツールは常に1つじゃない

ネット検索によって表示された検索結果は、常に文字データとは限りません。動画ということもあるでしょう。教科書や本を読むよりも授業を聞いた方が頭に入る、授業の動画を見た方が理解が進むという人も多いと思います。最近の大手塾の動画アプリは、このニーズをうまく生かしていますね。

現在の最も有名な動画配信サイトはユーチューブでしょう。見たことがない人はいないのではないでしょうか。

ユーチューブ動画は、動画を作成すれば誰でも簡単にアップロードし、全世界へと配信できます。星の数ほどある動画の中には、自分と相性のよいものがきっと見つかると思います。

また、海外発の動画も観てみるといいでしょう。もし英語が苦手で聞き取れないとしても、ユーチューブ動画は字幕を表示してくれる機能があります。字幕がうまく表示されないときは、グーグル翻訳の音声翻訳機能によってリアルタイムで日本語に変換してくれます。

ユーチューブで動画を検索したら、あとはネット検索の方法と同じです。同じように調べたことをリストにして、整理していきましょう。

方法には固執しない

「知らない」ことを「知る」ためには方法に固執しないことも大切です。方法は1つではありませんし、十人十色です。

また、方法にも相性というものがあります。

今はとても便利な時代です。手に入らない情報を調べる手段はいくらでもあります。

そして、時代とともに情報を調べるツールは進化し、便利になっていきます。**人が知ら**

ない調べ方を見つけるのも自分次第、「知らない」ことを「知る」に変え、その理解のしやすさに相手と差をつけるのも自分次第なのです。

実際に体験する

「知る」ためには、実際に使ったり、体験したり、試してみたりすることで一気に理解できることもたくさんあります。

例えば、先述のWeb3を何とか理解したものの、概念的でフワっとした感じでしか捉えられなかったということもあるでしょう。そんなときはWeb3を体験してみることです。

Web3を体験する方法の1つに仮想通貨があります。

仮想通貨には、ビットコイン、イーサリアムなどさまざまな種類があるので、1つを選んで仮想通貨の取引所で口座を開設し、少額を購入してみるのもいいかもしれません。なにも投資やお金儲けを勧めているのではなく、あくまで「新しい体験」の機会としてです。

仮想通貨のマイニングや、Ｗｅｂ3ではＮＦＴ（Non-Fungible Token：非代替性トークン）も体験可能な技術です。例えば、世界最大のＮＦＴマーケットプレイス「OpenSea」に行くと、ＮＦＴのアートを購入することができます。購入したＮＦＴアートがどういうものかは「百聞は一見に如かず」です。自分の手を動かして実際に触れてみると、わかることは急激に増えるでしょう。

他にも、自動運転というテクノロジーの理解であれば、まずはカーディーラーに試乗しにいく、メタバースであればＶR体験施設を訪れるなどの方法があります。

趣味の延長線上に新しい体験の機会を持つと、知っていることがどんどん増えて知識の点と点を急速に繋げていくことができるのです。

CHAPTER 4

「知らない」ことをどうやって理解するか

1 理解する方法11箇条

本章からは、「知らない」ことを実際に「知る」、つまり理解するための手法についてお話しします。

方法❶ シンプルに表現する効果

理解するときには**シンプルに表現**することが大切です。せっかくなので、テクノロジーの基礎知識も学びながら進めてみましょう。

「メタバース」を例にします。「メタバース」と聞いて定義を明確に答えられなかったら、まずは何をしたらよいでしょうか。そう、「メタバース」をインターネットで検索します。ここでもグーグルで検索してみると、わかりやすい解説文を3つ見つけました。

①メタバースはインターネット上の三次元の仮想空間で、現実世界を超える体験と経済活動を生み出します。この仮想空間では、ユーザーは自分自身の分身であるアバターを使って自由に動き回り、他者と交流します。商品やサービスを買ったり、売ったりすることもできます。

②メタバースとは、インターネットを利用した三次元の仮想空間やサービスのことです。英語の「超越(meta)」と「宇宙(universe)」の造語です。現在、明確な定義はありません。

③メタバースとは、インターネット上に作られた三次元の仮想空間です。1992年にアメリカで出版されたSF小説『スノウ・クラッシュ』で初めて使われた言葉です。メタバースでは現実世界のようにさまざまな建物が建ち、ユーザーは自分の分身のアバターが、服や靴などのアイテムを着用し、自由に空間内を動き、他のユーザーとコミュニケーションを取ることができます。メタバースは『マインクラフト』や『あつまれ どうぶつの森』、『The Sandbox』など、主にゲームの分野でも活用されています。

「どれも文章が長くて、頭に入ってこないよ……」と思ったでしょうか。こういうときに、とっておきの方法があります。それが「シンプルに表現する」です。「シンプルに表現する」と「要約する」は、ほぼ同じと捉えて大丈夫です。厳密に言えば、「要約」は長文から要素を抽出して、ある分量の文章にまとめるということに対して、ここでの「シンプルに表現する」とは一行程度の文章で書くと考えてください。

では、検索結果の3つの解説文から「メタバース」をシンプルに表現してみましょう。数分でいいので「ペンを使ってノートに書く」、または「パソコンでテキストエディタに入力する」という方法で「メタバース」を説明してみてください。

シンプルに表現するときのポイントは、次の2つです。

・主語と述語を明確にする。
・英語における「A is B」という同格（同じもの・ことを他の言葉で示す関係）の表現を見つける。

みなさんの多くは3つの解説文を読んで、

「メタバースとは、インターネット上に作られた仮想空間のこと」

などと表現したのではないでしょうか。

長ったらしい文章でも、シンプルに表現すると理解しやすくなります。**シンプルにすることでムダな情報を省き、主旨が見えやすくなる**からです。

シンプルに表現しても「それって何？」と疑問がわくこともあります。そんなときは、もう少し範囲を広げ、検索結果の文章をもう一度読みます。

①のメタバースの説明には、

「この仮想空間では、ユーザーは自分自身の分身であるアバターを使って自由に動き回り、他者と交流します。商品やサービスを買ったり、売ったりすることもできます」とありました。

③の説明では、

「メタバースでは現実世界のようにさまざまな建物が建ち、ユーザーは自分の分身のアバターが、服や靴などのアイテムを着用し、自由に空間内を動き、他のユーザーとコミュニケーションを取ることができます」とあります。
2つを並べてみると、「アバターとなって、インターネット上にある現実世界に似た空間で、自由に活動できる」ということがわかります。

さらに、理解を助けてくれる単語がありました。③にある『マインクラフト』『あつまれ どうぶつの森』『The Sandbox』です。これはゲームですよね。身近な単語のイメージを糸口に、理解が進むこともあります。

さらに余裕があれば、メタバースとは、英語の「超越（meta）」と「宇宙（universe）」の造語であること、「1992年にアメリカで出版されたSF小説『スノウ・クラッシュ』で初めて使われた言葉」などの情報も頭の片隅に入れておけるといいでしょう。

方法❷ 言い換えた文章を読んでみる

シンプルに表現してもよくわからないときには、調べた解説文を別の表現に置き換えてみます。

例えば、メタバースの解説文①を別の表現に置き換えてみましょう。わかりやすいように3種類を作ってみました。

【元の解説文】

①メタバースはインターネット上の三次元の仮想空間で、現実世界を超える体験と経済活動を生み出します。この仮想空間では、ユーザーは自分自身の分身であるアバターを使って自由に動き回り、他者と交流します。商品やサービスを買ったり、売ったりすることもできます。

【別の表現に置き換えた例】

ユーザーは、仮想空間内で自身のアバターとして自由に行動し、他者と交流します。商品やサービスを購入したり販売したりすることで、さまざまな体験をすることができます。

仮想空間内の三次元世界において、ユーザーは自身のアバターとして自由に移動し、

――他者と交流します。商品やサービスを購入したり販売したりするさまざまな体験が可能です。

――ユーザーは、三次元の仮想空間内で自身のアバターとして自由に行動し、他者と交流します。商品やサービスを購入したり販売したりすることができます。

主語と述語の間に入る情報の構成によって、人は読みやすさや読みにくさを感じます。置き換えた3例の主語「ユーザー」に傍線を付けたので比べてみてください。私自身は二番目の言い換え文が一番読みやすいと思いました。二番目の文章は、「場所」の情報を最初に提示しています。そのため、主語と述語が近くなり、シンプルに表現されているので理解しやすい気がするのです。みなさんはどうでしたか。

実は、この3つの文はAIによる置き換えツールを利用して書き換えました。無料サービスでここまで置き換えてくれたのです。ただし、サービスによっては無料版でも1文字しか置き換えてくれないものや、有料版にアップグレードしないと有効に使えないものもあります。調べてもよくわからない結果が出たら、みなさんも一度試してはいかがでしょうか。

方法❸ これまでに得た情報を総動員する

新しいことを理解するときには、**これまでに得た情報も総動員**しましょう。

今度は「EV」を例に考えてみます。初期動作はこれまでと同じです。「EV」を検索する前に、まずは「EV」から意味の予想がつくかを考えます。「EV」を複数の用語で分解することができるか、いや、EとVでは意味を予想することはできないですね。では、何かの略語と考えて検索してみます。すると、EVとは、Electric Vehicleと出てきました。Electricは英語で電気、Vehicleは英語で乗り物、つまり電気自動車のことだとわかります。

ここから、これまでに得た情報を総動員して電気自動車を理解していきます。

例えば、日産自動車の電気自動車はテレビCMでもよく見かけます。街を歩いていると、イーロン・マスクのテスラ社の電気自動車もよく見かけます。一度でも見たり聞いたりすると、「あ、あれね」と身近に感じられるので、まずは日常生活で見たり聞いたりしたことを片っ端から思い出してみましょう。

また、**既に持っている知識と比較する**方法もあります。

一般的な「自動車」について知っていることはたくさんありますね。自動車は何で動きますか？　そう、ガソリンです。自動車にはエンジンが付いていて、エンジン内でガソリンに点火させることでシリンダーをピストン運動させ、駆動させる力を生み出しています。

では、電気自動車は何で動きますか？　名称から推測できますね。そう、電気です。では、自動車に付いているエンジンは、電気自動車にも付いているのでしょうか。電気自動車はどうやって動くのでしょうか。

これもこれまでの日常生活で見たり、聞いたりしたことを思い出して考えてみます。子どもの頃にラジコンやミニ四駆（小型の動力が付いた自動車模型）などを作った経験があれば、ラジコンやミニ四駆は電気で動くことに気がつきます。

電気という燃料をどのように使っているかといえば、モーターでした。では、電気自動車もモーターで動いているのかも、と予想を立てることができます。結論は、それが正解です。

さらにはここで電車を思い出せたらいいですね。電車という名称から、電車も電気で動いているのだろうと予想はつきます。つまり、電車の燃料は電気であるとわかります。では、電車は電気という燃料を使ってどのように動いているのでしょうか。そう、これもモーターです。ラジコンやミニ四駆、電気自動車、電車と、それぞれのモーターの性能や大きさに違いはありますが、原理は全く同じです。

テクノロジー脳のためには、さらに突っ込んで考えてみましょう。自動車のガソリンはどこに溜め込みますか？　ガソリンスタンドに行くと給油口からガソリンを入れます。そう、燃料タンクです。

電気自動車はどうでしょうか。そう、バッテリーです。ラジコンやミニ四駆でもバッテリーを搭載しませんでしたか？

では、電車にもバッテリーが搭載されているのでしょうか。ここで電車を思い浮かべてください。電車が通る線路上には架線が引いてあります。この架線には電気が流れています。つまり電線です。電車は屋根の部分にパンタグラフという菱形のものが取り付けてあり、パンタグラフと架線は常に接触しています。なぜならそこから電気を取り込み続けているからです。つまり、電車は直接電気を取り入れて動いています。

このように、既に知っていることと比較すると、新しいことに気づくことができ、より理解の幅が広がります。

方法4 批判的にものを見る

検索結果を読んでも理解できないときは、**批判的にものを見る**ようにします。

例えば、不老不死の薬を見たことはありますか。2024年の時点で不老不死の薬はこの世に存在しません。しかし、不老有死の可能性は高まっているといいます。

ここで、不老不死の薬について批判的に考えてみます。

みなさんは日頃、「批判的」になることはありますか。勤務先の社長や上司の発言に、「何を言ってんだ?」「やるのは私たちなのに」と思ったことはありませんか? 国が発表した政策について「こんなの、できっこない」「またバカげたことを言って」「どれだけ国民に負担をかけるんだよ」と怒ったことはないでしょうか?

これらの意見と批判的になる問いも同じです。

・本当にできるのか？
・バカげた内容ではないか？
・負担なくできる内容か？
・以前と比較して、メリットはあるのか？

この問いを、読んでも理解できなかった検索結果に当てはめてみます。すると、**問いを持つことによって思考停止を避ける**ことができます。

例えば「本当にできるのか？」という問いによって、実現可能性についての視点が生まれます。できるか、できないかでいえば、その時点ではまだわからないわけですが、じゃあ、本当にできるのかということを調べてみようと、次に調べたいことが出てきます。このように問いを繋いでいくと、考えることが途切れません。

ですから、調べた結果が理解できなかったとしても、そこで残念に思う前に、ちょっと批判的に問いかけてみてください。批判的とは意地が悪いということではなく、新たな可能性を探す思考のアクセルになるのです。

さて、不老不死の薬はまだ実現はしていませんが、米国のドレクセル大学では、皮膚の老化を遅らせる薬を研究しています。「ラパマイシン」という薬で、40歳以上の手にこのクリームを塗ったところコラーゲンが増え、皮膚を萎縮させるタンパク質が減ったという報告があります。

また、「セノリティクス」という薬は老化細胞を破壊することができ、現在はバイオベンチャー間で開発競争が激化しています。いずれも「不老」を叶えることができそうな研究が進行しています。

方法5 似たもので比較・連想し、解像度を上げる

検索結果を読んでも理解できないときには、似たもので連想して解像度を上げることも効果的です。

ＡＩ（人工知能）を例に考えてみましょう。「ＡＩ」をインターネットで検索すると、わかりやすいサイトが見つかりました。

ＡＩは、ロボットのコンピューターに学習や思考の能力を持たせた知能のことです。人間のように、過去のデータを元に未来を予想したり、得た情報を識別したり、最適な選択肢を決定したり、提案したりすることができるようになります。

ＡＩは、文字通り「学んだり、考えたりする能力を持った人工的な知能のこと」です。検索結果と似たような表現ですが、シンプルな表現にするとこうなります。

ところで、ＡＩには機械学習という仕組みが使われています。機械学習をグーグルで検索すると、次のような結果が見つかりました。

機械学習とは、コンピューターに膨大なデータを読み込ませ、反復的に学習させることで、データの特徴や規則性を見つけ出すことができる技術です。

つまり、ＡＩという人工的な知能は、人間のように学習することができ、膨大な情報量によって人間では容易に気づけないような結果も導き出せる能力があります。

機械学習の詳細はともかくとして、ＡＩが学習することによって未来を予想したり、情報を識別したり、最適な選択を判断したり、提案したりできることはぜひ知っておきたい情報です。「はじめに」でも触れましたが、ネットフリックスやユーチューブなどの配信動画、インスタグラムやX（旧Twitter）などのＳＮＳにはＡＩがうまく活用されています。

このような能力を持ったＡＩを使うと、驚くべきことができるようになります。カナダのSylvester.aiという企業は、猫の気持ちがわかるアプリ（Tably）を開発し、ビジネスをしています。

「えっ、猫の気持ち？　そんなこと本当にわかるの？」と思いますよね。どうやって、猫の気持ちがわかるのでしょうか。

このアプリでは、猫の顔の画像をＡＩに分析させます。耳の位置、目の開き具合、鼻先からあごを含む口元の緊張度、ヒゲの位置、頭の位置の５つで、猫の気持ち（痛み）を把握することができるというのです。

ユーザーはスマートフォンにアプリをダウンロードして、アプリから飼い猫の顔を撮影するだけです。すると、猫の気持ちを示すイラストが表示されます。

もとはカナダにあるモントリオール大学の附属動物病院で開発された、機械学習を利用したアプリです。「飼い猫の元気がないなぁ」「治療中の猫の経過が心配」など、猫の状態を確認するときにはとても便利ですね。人工知能では数多くのデータから「こうなったら、こんな結果になる」という規則性や特徴、法則性を導くことができます。

さて、鋭い人は「猫ができるなら当然、人間だってできるでしょ⁉」と思ったかもしれません。はい、その通りです。人間は、猫の表情よりも人間の表情を読み取りやすいと想像がつきますよね。

マサチューセッツ工科大学からスピンアウトしたAffectivaという企業が、人間の心理を読み取るＡＩを開発しています。これもアプリ（心ｓｅｎｓｏｒ：感情認識ができるＡＩが感情分析をする）で、人の顔の34箇所を動画で撮影し、21種類の表情と7種類の感情を把握することが可能になるといいます。猫の気持ちのアプリと似ていますね。

コロナ禍によって、リモート環境で他者とコミュニケーションを取ることが格段に増えました。チームズやズーム、グーグルミートなどを使って、画面越しに授業や打ち合

複数の視点で解像度が上がる

似たキーワードを手がかりに複数の視点で知識を得ると、
見えてなかったことが見えてくる。

わせをした場合、対面時よりも相手の本心がわかりづらいことがあります。伝えたいことが本当に伝わっているのかと不安を感じる人もいるでしょう。そんなときに、相手の感情を読み取るアプリは役に立つのです。

こうして猫の「気持ちがわかる」と、人の「感情を読み取る」という似たキーワードで新しい知識を得ると、視野が広がります。言い換えれば、関連する視点で2つの知識を得たことで、片方のみの情報よりも詳しくなりました。見えてなかったところが見えてくる、**顕微鏡をズームアップしていく**ようなイメージです。それはつまり、解像度が上がるということです。さまざまなテクノロジーを理解するための共通項があるとすれば、解像度が上がるとはその共通項の幅が広がることだといえます。

方法⑥ 想像力（ときに妄想力）を働かせる

教科書などの内容を忠実に理解するのではなく、自分が理解しやすいように想像力を働かせて理解する方法もあります。

例えば「白金測温抵抗体（はっきんそくおんていこうたい）」という言葉を聞いたことがありますか。日常生活で欠かせない温度計で、白金という金属でできています。温度センサーと呼ばれることのほうが多いかもしれません。白金測温抵抗体は自動車、家電、空調、医療、工場設備の温度などを計測・管理するときに使われます。

では、白金測温抵抗体はなぜ温度を測定できるのでしょうか。金属には温度が高くなると電気抵抗が増える、つまり電流が流れにくくなるという性質があり、白金測温抵抗体はこの性質を利用して温度を測定しています。なんだか難しそうと思ったら、想像力を働かせてみます。

まずは電気抵抗、つまり電気を流れにくくする性質について想像してみましょう。虫眼鏡や顕微鏡で覗いて、金属を原子のレベルまで細かく見るイメージです（本来は、もっと高精度な顕微鏡を使います）。

金属は金属の原子が規則正しく並んだ状態です。この金属の原子と原子の間を、電子が流れることで電流が流れます。川の水の流れと似ていますね。水が電子で、金属が川に置かれている石です。石が少なければ、水の流れはスムーズですが、石が多いと水の流れは悪くなります。

次に、この金属を温めることを想像してみます。温めるので金属原子は熱くなりますね。人間や動物の場合、気温が高ければ活発に動きますが、寒いと身を丸くしてじっとして動かなくなります。

金属の原子も同じで、温められた原子が大きく振動すると、震え出しそうなイメージがわいてきます。実際に、温度が高ければ高いほど、金属原子は大きく震えます。温度が高くなった金属の原子が大きく震え出すと、金属原子と原子の間を流れていた電子は通過する隙間が狭くなり、金属原子に当たりやすくなります。すると、電子は流れにくくなります。

電子が流れにくくなるということは、金属の電気抵抗が上がるということです。この

電子は振動している原子にぶつかり、前に進みづらくなる

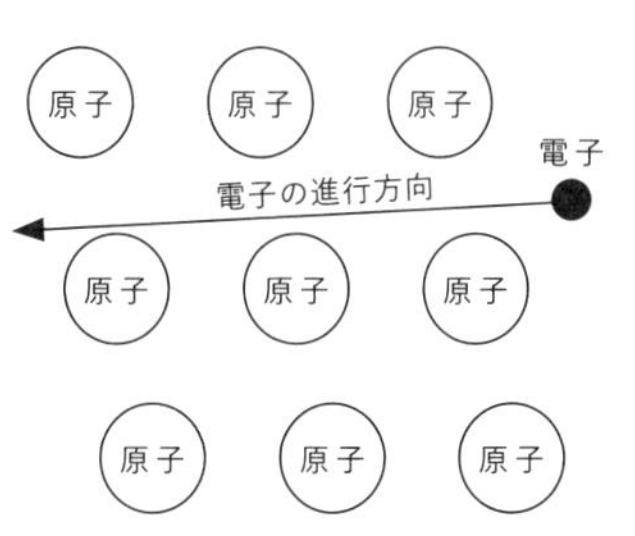

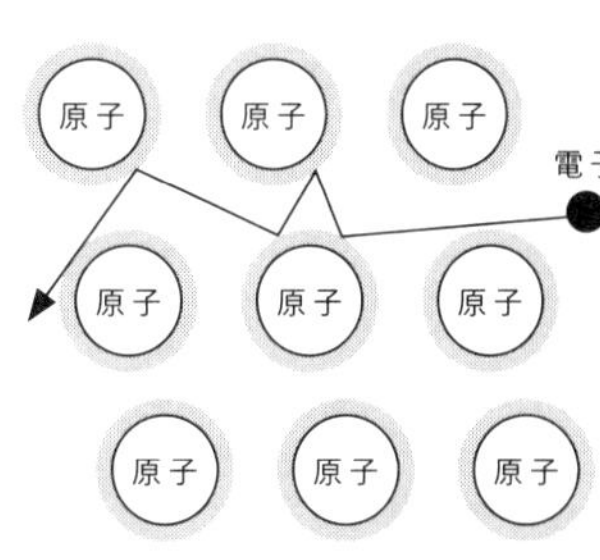

現象をグーグル検索すると、次の説明を見つけました。

> 金属は、温度が上昇するとフォノン（格子振動）が増え、電子の移動を邪魔することになり電流が流れにくくなる。

フォノンという用語はここでは無視して構いません。検索結果と私の説明は似て非なるものですが、同じことを説明しています。白金測温抵抗体というテクノロジーを、**川の流れや人や動物の行動に例えて**理解することができたのではないでしょうか。

このように私は、「知らない」ことがあっても、**日常生活や自然現象と照らし合わせて、類似の**

ものがないか、同じ現象はないかと探すようにしています。すると、難しく説明されたことでも一気に理解が進むのです。

「知らない」を理解するためには想像力（妄想力）を駆使するのも有効な手段です。

方法❼ 人に教えてもらう

みなさんも人に教えてもらった経験がたくさんあるでしょう。当然ですが、知らない知識や技術を、既に知っている人に教えてもらうことでも「知る」に変えられます。学生時代は学校の先生や、さらには塾の先生にお金を払ってまで積極的に教えを乞いに行きますね。社会人でもスクールに通って資格試験の合格を目指したりします。人に教えてもらうと理解が深まったり広がったりします。

教えてもらうときの質問には、「これは何ですか?」という**What系の質問**と、理由や方法を教えてもらう**Why・How系の質問**があります。

What系の質問をして学ぶと、

・「知らない」ことを言語化できるようになる。
・自分の現在の理解度を客観的に見られるようになる。
・知識が定着しやすくなる。
・興味がわいて、学ぶモチベーションが上がる。

という4つのメリットがあります。

私が一番ありがたいのは、「つまりね、×××ってこと」と、シンプルに教えてもらうことです。4つのメリットを強く実感できます。

加えて、

・プラスアルファの情報を提供してもらう。
・苦労して習得したことを、短時間で習得したり擬似体験したりできる。

ことがあるとさらに嬉しくなります。そのためにはWhy・How系の質問で情報を引き出します。敢えてWhy・How系の質問をすることによって、より効果的に教えてもらえるように意識しています。

頭の良い人に教えてもらうのは必ずしも正しくない?!

では、誰に教えてもらったらいいかといえば、「この人に聞きたい」と思った人に教えてもらってください。

知識が豊富な人や専門性の高い人、理解力がある人、いわゆる頭が良いと思う人に教えてもらう必要は必ずしもありません。もちろん、みなさんが聞きたいと思った相手が、頭の良い人であれば全くもって問題はありません。

多くの人は「知らない」に出くわすと、自分よりも勉強ができたり仕事ができたりする人から教えてもらおうとします。自然な行動ですよね。でも、それが必ずしも正しくないことがあります。なぜなら、**頭が良い（と感じる）人が教え上手とは限らない**からです。

私が高校時代の話です。校内模試の物理のテストで、人生初の最低点を叩き出してしまいました。大きなショックを受けて、物理の先生や成績上位の友人に問題の解き方を聞いてまわりました。しかし、誰の説明を聞いてもチンプンカンプンでした。

なぜそうなるかというと、

・頭の良い人は独自の理解手法を持っているが、それが他者にとってもわかりやすいとは限らない。

・頭の良い人は、人に教えるための知識があるわけではない。

・教えることができる人は、「相手には知らない知識がある」前提で教える。

からです。いつも私と同程度の成績だった友人は、私と同程度の知識を使って説明してくれたので、私はすんなりと理解することができました。

みなさんも頭の良い人に教えてもらったときに
「いま、何を説明してくれているのか全くわからない」
「質問したこととは全然違う説明を聞いているようだ」
と感じたことはありませんか？　実際に「知る」ことができていないのに不思議な充実

感から、**「わかった」と錯覚してしまうのは危険**です。

本当に自分は理解できたのか、理解できなかったのか、しっかりと自分に問いかけて事実を認めるようにしましょう。

教えてもらうときの注意点

人に教えてもらうときには、自分は何がわからないのか、何を教えてもらいたいのかを具体的に、明確にしてから教えてもらいます。なぜなら、曖昧に質問をすると質問された側も「この人は何がわからないのだろうか」と迷ってしまうからです。

例えば、「この問題がわからないです」と先生に質問すると、「解説のどこまでが理解できて、どこがわからないんですか?」と逆に質問されたことはないでしょうか。

漠然と質問するのではなく、**理解できていること、理解できていないことを把握にできる力**も大切です。これは学生のみならず、社会人にも必要なことでしょう。

教えてもらう人がいなくても心配無用

「私には、教えてもらいたいと思える人がいません」

「僕は気軽に聞ける友人がいません」

という人もいると思います。人付き合いが苦手な人、コミュニケーションが億劫な人、そもそも周囲に詳しい人がいないなど、いろいろな事情があるでしょう。


親しくなった人ができたら、話しかけやすい人ができたら、信頼できる人ができたら、そのときには教えてもらう、そんな心持ちでいれば十分です。極論を言ってしまえば、**「人」に教えてもらえなくてもよい**のです。他にも方法はたくさんあります。どれか1つでも、みなさんに当てはまるものがあればいいと思っています。

方法⑧ 自分が人に教えてみる

逆の方法もあります。

みなさんが人に教えるのはどうでしょうか。

「人に教えるほどの理解が進んでいません……」と思うかもしれませんが、そんなことはありません。人に教えるのは先生や経験豊富な人間、上司、先輩でないとダメなのでしょうか。100点に近い完璧な知識を持っていないと、教えることはできないのでしょうか。それは違います。まずは気楽に、話してみるように始めてみてはどうでしょうか。

さて、「人に教える」ことには次のようなメリットがあります。

・論理立てて説明する必要があるので、ロジカルな思考が身につく。
・教えることで、自分が理解していないことが発見できる。

人に説明をしていると、自分が何を言っているのかわからなくなるときはありませんか。「あれっ、矛盾していることを言ってるかもしれない」と思うことはないですか。

そういうときには、**自分の使う接続詞を疑ってみてください**。接続詞には、だから、そして、そのため、したがって、すると、しかし、けれども、また、ならびに、さらには、もしくは、なぜなら、などたくさんありますね。接続詞をうまく使えていないと、論理的な矛盾が生じやすいのです。

そもそも、ロジカルな思考とはなんでしょうか。ロジカルとは「○○だから、××である」と明確に整理ができている状態です。「○○という原因があって、それゆえ××という結果になる」という考え方ができていれば、それはロジカルな思考です。

説明するときには「○○だから、××である」という構文を使うと、とてもわかりやすくなります。言い換えれば、この構文で言えないということは、自分も理解できていないということです。

本章の前半に出てきた電気自動車や白金測温抵抗体を論理立てて説明すると、次のようになります。

①電気自動車は電気を燃料としている。【だから】モーターを使って動く。
②電気自動車は電気を貯める必要がある。【だから】バッテリーを使う。
③白金測温抵抗体は温度によって抵抗が変わる。【だから】抵抗によって温度を知る

ことができる。

④白金測音抵抗体は抵抗によって温度を知ることができる。【だから】機器の内部の温度を管理できる。

いかがでしょうか。接続詞【だから】の効果で、ロジカルに説明できているのではないでしょうか。

方法⑨ 暗記してしまう

いろいろと工夫しても、どうしても理解できないときは「暗記」してしまいます。ここでは暗記を「知らないことをそのまま頭に叩き込むこと」と定義します。「そのまま」とは「論理立てたり、周辺の情報を結び付けたりすることなく」ということです。

しかし、それでも暗記できないこともありますね。人には得手不得手、相性不相性、得意不得意なものがありますから。そのときは、ちょっとしたコツがあります。

まず、**暗記は「慣れ」**です。最初は「慣れ」ていくようにします。

「メタバース」の例では、「メタバースとは、インターネット上で構築された仮想空間のこと」と検索結果をシンプルに表現しました。これを暗記せよと言われたら、とにかく覚えるしかありません。

最初は頭に入ってこなかったり、気が進まなかったりするでしょう。しかし、気持ちを楽にして、シンプルな表現を繰り返し読んでみます。

すると、徐々に慣れてきて「メタバース」という言葉に拒否反応がなくなり、頭に入ってくるようになります。個人差はあるので、数日で暗記できる人もいれば、一週間以上かかることもあることでしょう。途中で嫌になるかもしれませんが、とにかく続けてください。朝の仕事前の机で、通勤電車の中で、休憩中のカフェで、ただただ定期的に、楽な気持ちで繰り返し読みます。それが大きな差を生みます。

他にも暗記の方法はあります。

「方法8」でロジカルに整理した文章をもう一度見てみましょう。

---

①電気自動車は電気を燃料としている。【だから】モーターを使って動く。
②電気自動車は電気を貯める必要がある。【だから】バッテリーを使う。

③白金測温抵抗体は温度によって抵抗が変わる。【だから】抵抗によって温度を知ることができる。
④白金測温抵抗体は抵抗によって温度を知ることができる。【だから】機器の内部の温度を管理できる。

これを暗記するのは長くてさすがに嫌ですね。そういうときは、原因や理由は無視して、結果や結論だけを暗記します。
実際に暗記するための文章に書き換えてみます。

---

①電気自動車は、モーターを使って動く。
②電気自動車は、バッテリーを使う。
③白金測温抵抗体は、抵抗によって温度を知ることができる。
④白金測温抵抗体は機器の内部の温度を管理できる。

だいぶ覚えやすくなりました。
さらにコンパクトにまとめることもできます。当然ですが、暗記は分量が少ないほど

覚えやすくなります。

――①電気自動車は、モーターを使って動く。
②白金測温抵抗体は機器の内部の温度を管理できる。

さらにもう1つの方法は、暗記するときに名称や状況などと関連づけることです。それによって覚えやすくなります。

例えば、学生時代に鉱物の名前を語呂合わせで覚えたことはありませんでしたか。鉱物の種類には、石英、長石の無色鉱物と黒雲母、角閃石、輝石、カンラン石の有色鉱物があります。これを「赤痢（石英）、腸から（長石）、黒ウンコ（黒雲母）、隠せ（角閃石）、キンタマ（輝石）、完全に（カンラン石）！」と私は覚えました。それだけでなく、原子の周期表や炎色反応も語呂合わせで覚えました。

また、「超伝導」について理解しようとしていたことがありました。
超伝導とは「とても低い温度にすると、その物体の電気抵抗がゼロになる現象」のことです。超伝導という現象はどこで活用されているのかをネットで検索し、調べようとしたときに電話が鳴りました。電話の主は友人で

「山梨のリニアの試乗に当選したから今度、行ってくる！」

というたわいもない内容でした。

超伝導というテクノロジーはリニア新幹線で浮上するために使われています。友人との電話によって、超伝導とリニア新幹線が結び付き、すぐに暗記できました。これは偶然あってのことなので、いつも使えるコツではないですが、どんなことも利用してしまいましょう。

なお、リニア新幹線も今後の社会を少なからず変える可能性があるテクノロジーですので、もう少し紹介しておきます。

リニア新幹線は品川と名古屋間を最速40分で結ぶほどに非常に速く走行できるのですが、それは超伝導の技術だからできることです。超伝導は車体を浮かせるために摩擦に関係なく走ります。

また、電気は発電所、変電所、送電線、電線を通じて届きます。もし、電線が超伝導になれば電気抵抗がなくなるので、送られてくる電気のロスがなくなります。

ここで、電気のロスと聞いてピンとくるでしょうか。そもそも、発電所でつくられた電気は送電（電気を運ぶこと）によって、一部の電気エネルギーが熱や振動として失われています。送られた電気が１００％丸ごと運ばれてくるわけではないのです。

でも、超伝導になると電気抵抗がなくなるので、電気を失うことがありません。電力会社としては余分な電気をつくる必要がなくなり、もっと効率的に電気を配送できる可能性が高まります。ロスがなくなれば、電気を消費する側にとっても良いことがあるかもしれません。例えば、電気料金が変わることも考えられます。もっと低価格な電気料金になるかもしれません。

実際には、超伝導に変えるために巨額の設備投資をするので、すぐに料金を下げることは難しいでしょうが、将来的にはさらに注目しておきたいテクノロジーの１つです。

方法⑩ 数値は無視して傾向だけつかむ

理解すべきものには「定性的なもの」と「定量的なもの」に分けることができます。簡単に言えば、「数値化できないもの」と「数値化できるもの」です。

例えば、高温超伝導体とは、高温で超伝導の状態になる物質のことです。高温とは一般的にマイナス196度以上の温度で超伝導の状態になる物質のことと定義できます。

すると、自分のものとして理解するには、マイナス196度を覚えなければならないと思うでしょうか。いいえ、数値は無視をしても構いません。むしろ覚えなくても大丈夫で、それよりも傾向と実態をつかむほうがいいのです。なぜなら、記憶の負荷はできるだけ減らしてしまいたいからです。細かい数字にこだわって頑張って全部覚えることがアタマの使い方として賢いかというと、常にそういうわけではありません。正確な暗記が必要な場合もありますが、必要でないときには傾向に注目する、それだけで十分です。

ところでマイナス196度とは液体窒素の温度なので、ここでは数字ではなく液体窒素の温度だと覚えます。液体窒素よりも高い温度なのだと傾向をつかむことを優先させます。

方法⑪ 生成系AIを活用する

これまで、ネット検索によってテクノロジーの解説文を理解する方法を述べてきました。一方で、生成系ＡＩを使う方法もあります。

例えば、ChatGPT 3.5を使って「空飛ぶクルマ」を調べてみます。プロンプトとは、ここではＡＩへの質問のことです。

【プロンプト】

空飛ぶクルマについて詳しく教えてください。

【ChatGPT】

空飛ぶクルマは、一般的には「空飛ぶ車」とも呼ばれ、地上を走行するだけでなく、飛行も可能な乗り物を指します。これは、自動車と飛行機の特徴を組み合わせた新しい形態の交通手段として注目されています。以下に、空飛ぶクルマに関する詳細な情報を提供します。

①動力源とエネルギー源：空飛ぶクルマは、通常、複数の動力源を組み合わせています。これには電動エンジン、ガソリンエンジン、またはハイブリッドシステムが含まれます。一部のモデルは電動モーターを使用し、バッテリーからの電力を利用しています。

②駐車と離着陸：空飛ぶクルマは、通常の自動車と同じく道路を走行することができますが、飛行するためには特定の場所で離着陸する必要があります。一部のモデルは、小さな滑走路やヘリポートを使用し、駐車や離着陸が可能です。

（中略）

⑥空港タクシーと交通効率：空飛ぶクルマは、交通渋滞を回避し、直線的な距離を飛行することで移動時間を短縮する可能性があります。これにより、都市部や交通の混雑した地域での交通効率が向上すると期待されています。

空飛ぶクルマはまだ実用化されている段階ではありませんが、将来的には革新的な交通手段として一般的になる可能性があります。

文章が長すぎると感じるならば、文字数を限定して質問します。

【プロンプト】
空飛ぶクルマについて250字以内で教えてください。

【ChatGPT】
空飛ぶクルマは、地上を走行するだけでなく、垂直に離着陸し、空を飛ぶことができる車両です。これには通常、垂直離着陸（VTOL）技術や小型の飛行機のようなプロペラやジェットエンジンが組み込まれています。空飛ぶクルマは都市の交通渋滞を回避し、直線的な距離を短縮することが期待されており、自動運転技術や空域管理の進化も関連しています。多くの企業がこの技術の開発に取り組んでおり、将来的には都市交通の変革をもたらす可能性があります。

もし、ChatGPTの回答にある「①動力源とエネルギー源」がわかりにくいと思うなら、質問を変えます。

【プロンプト】
空飛ぶクルマの動力源とエネルギー源をわかりやすく教えてください。

【ChatGPT】
空飛ぶクルマの動力源は一般的に電気です。電動モーターがプロペラやジェットエンジンを駆動し、推進力を生み出します。充電可能なバッテリーがクルマの電力を供給し、これによって電動モーターが動きます。エネルギー源としては、主に電力ネットワークや専用の充電設備を利用して充電されることが一般的です。一部のモデルでは、太陽光発電やハイブリッドシステムも組み込まれ、より持続可能なエネルギー源を活用しています。これにより、地上と空中の移動が効率的かつ環境に優しいものとなります。

プロンプトの書き方にはコツがあるので、書き方次第で回答にも差が出ます。ここでは ChatGPTの例でしたが、生成系ＡＩは他にも種類があります。いろいろと試してみるといいでしょう。

2 「理解できない」ときにやるべきこと

検索結果を読んでも、シンプルな表現にしても理解できないときには、やるべきことがあります。

方法❶ どこまで理解できたかを自覚する

どこまで理解できたのか、自分の理解度のラインを見定めることです。

用語は知っているけれど内容が理解できないのか、全体像がわからなかったとして、シンプルに表現することすらできないのか、シンプルに表現することはできるのか、シンプルにした表現を読んでもわからないのか、違いがあるはずです。

現時点で理解できないAという解説文があるとします。Aを理解するために、①〜⑤の理解すべきものがあるとします。つまり、①〜⑤の全てを理解しないとAを理解できないという関係です。

①〜⑤の全てが理解できないのではなく、①と③は理解できる、①〜④までは理解できるが⑤が理解できない、など理解できない状況がさまざまなこともあるでしょう。まずは調べた解説文Aを分解して、個別に理解していくようにします。

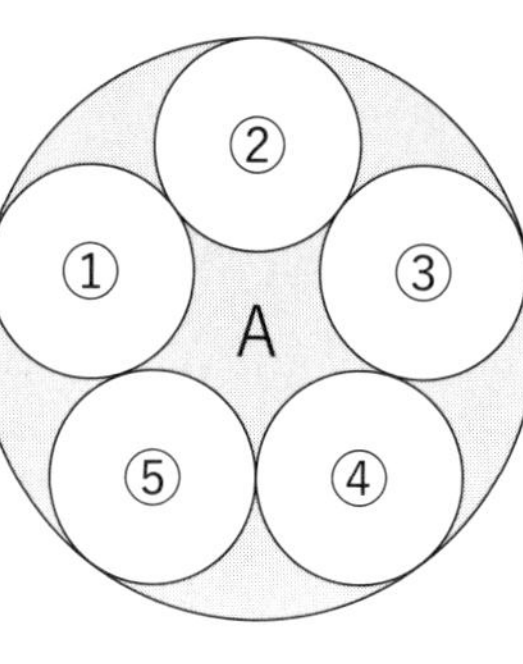

そこで、⑤だけが理解できていないと気づいたら、次にやるべきは理解できていないところにフォーカスすることです。当然ですが、理解できないものを大きく抱えていては攻めどころが見つかりません。自分は何が理解できていないのか、理解できていることは何かを把握して、理解できていないものに可能な限りフォーカスします。攻めるには本章で述べた11の方法を1つ1つ試してみてください。

方法❷ 子ども向け、初心者向けの書籍を見る

以前、私はテクノロジーを理解するには教科書や専門書を読まなければならないとい

う固定概念に囚われていました。

でも、この固定概念を壊してくれた先輩がいました。輝かしい学歴の人で、専門書をスラスラと読めるイメージがあったのですが、あるとき「僕はね、専門書が嫌いなんだよね。子ども向けの図鑑や、〇〇がよくわかる本とか、比喩を多く使ったわかりやすい本が好きなんだよね」と言ったのです。

その瞬間、ハッとしました。頭脳明晰でも易しい本を読むのかと。その日以来、理解できないことがあると先輩の言葉を思い出し、書店に向かって易しい本を探して回ったりしています。


子ども向けの本がいいのは、絵がたくさん載っていることです。絵は本物に忠実に、わかりやすく描かれています。また、文字は少ないものの**非常にシンプルに、誰もが誤解のないように表現**されています。比喩もたくさん使われます。読み手がつまづきそうな部分を敢えて省略したり、あるいは丁寧に、簡易に書いてあるので、誰が読んでも頭に入りやすいのです。

方法❸ 模型やおもちゃを買って作ってみる

模型やおもちゃを購入してみるのも良い方法です。

宇宙でいえばロケットや人工衛星、乗り物であれば飛行機や船舶、自動車、軍事であれば戦闘機や戦車など、今やプラモデルや模型で見つからないものはないくらい、商品は充実しています。

ここでは、人工衛星のおもちゃを買ったとしましょう。人工衛星の構造は専門書で読んだところでわからないことがたくさんあります。スラスターや太陽センサーと言われても、実際にはどこに付いているかイメージできません。

でも、人工衛星の模型を組み立ててみれば、スラスターの位置や形状、大きさ、太陽センサーの位置が文字通り手に取ってわかります。模型は意外と忠実に再現されているので、とても参考になります。

方法④ どうしても理解できないときは、放置でいい

ここまでの方法を試しても、どうしても理解できないときは「放置」します。どうしても理解できないことは誰にでもあります。テクノロジーを理解しようとした経験がないから、テクノロジーの基礎的な知識を学んでないから、など事情もさまざまです。

例えば、最初から自転車に乗れる人はいません。自転車に乗ろうとした経験がないから、自転車に乗るための方法（基礎知識）がないからです。

練習方法は人それぞれかもしれません。最初は後輪部分を誰かに押さえてもらい、勢いよく押してもらい、バランスをとりながらペダルを漕ぐなどが一般的でしょう。自転車に早く乗れるようになったり、ハンドルやブレーキ、カーブなどの運転が上手くなったりと、もちろん個人差はありますが、自転車に乗れることと「知らない」を理解することは似ています。

「放置」してもいいのは、**時間が経過した後に、ふと理解ができる**ことがあるからです。

ここでも、理解できないAがあるとします。また、Aを理解するために必要なBとCがあるとします。

βにはBが含まれているとして、一ヶ月後にβというものを理解したとします。

また、θにはCが含まれているとして、二ヶ月後にθを理解したとします。

βとθを理解することでBとCの理解が進み、やがては、Aが理解できるということがあります。1つ1つの理解が少しずつ連なっていくイメージです。

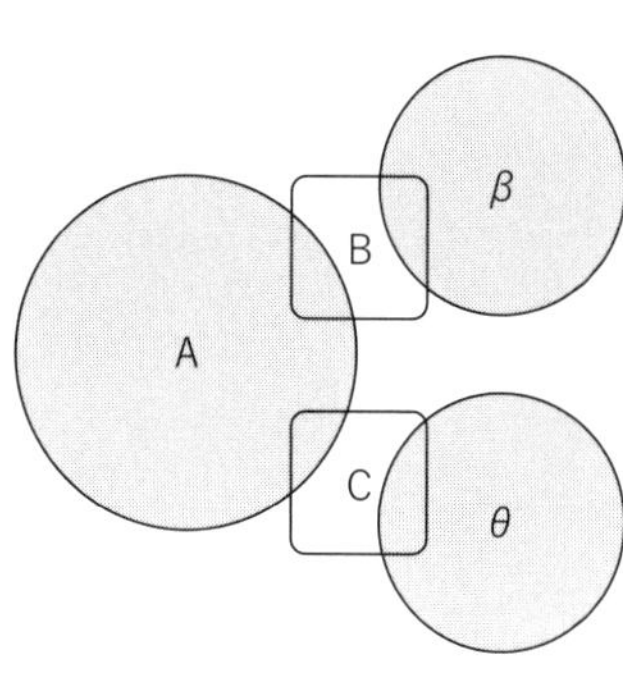

時間やコツは必要でも、地道に実践することで「放置」の状態は変わっていきます。

CHAPTER 5

わかったのかは常に疑う

1 本当に理解できたのか？ 思い違いや矛盾点を探す

第4章までの手法を繰り返し試して、「知らない」を「知る」に変えられましたか？

もし「知る」の範囲が広がったとしても、理解できたことが本当に正しく理解できたのか、間違って理解していないかは常に疑ってください。なぜなら4つの落とし穴があるからです。

・正しくない知識を持ち続けてしまう。
・ミスを犯してはいけない大事なシーンで間違えてしまう。
・正しくない知識や手法を修正できない、または修正できなくなってしまう。
・これから出くわす「知らない」を理解するときに悪影響が出てしまう。

自分が間違った理解をしていると気づくにもコツがあります。まずは「思い違いや矛盾点を探す」ことです。具体的に見ていきましょう。

コツ❶ テクノロジーの情報に日々触れよう

もう一度、AI（人工知能）の例で考えてみます。

AIは、ロボットのコンピューターに学習や思考の能力を持たせた知能のことです。人間のように、過去のデータを元に未来を予想したり、得た情報を識別したり、最適な選択肢を決定したり、提案したりすることができるようになります。

Dさんは AIについてネット検索をし、検索結果の内容を理解しました。ある日、Dさんはこんなタイトルの記事を見つけました。

AIにもできないことがある。人間にしかできない仕事とは？

「あれ？ AIは人間のようにオールマイティーに何でもできるんじゃなかったの？」

そこで記事を読み進めると、ＡＩが得意なこと、得意ではないこと、ＡＩにもできないことがあると書かれています。そこで初めてＤさんは、ＡＩが特定の分野で強みが発揮できるテクノロジーであることを知りました。

実際のところ、２０２４年時点でのＡＩは、人間のようにオールマイティーに何でもできる知能はありません。天気予報ができるＡＩ、画像認識ができるＡＩ、機械の制御を得意とするＡＩなど、分野ごとに分けて作られています（今後どうなるかはわかりませんが）。

日々情報に接していると、一度は理解したことの矛盾や見落としに気づくことができます。Ｄさんはそれまで知らなかったＡＩをネット検索し、自分でシンプルに表現して理解しました。その後も継続してニュース記事を読み、新たな情報に触れ、これまでの自分の理解が少し間違っていたことに気づき、スルーせずに立ち止まり、知識の修正を行いました。このように理解したことの**何が間違っているのかを素直に見直していく**ことが大切です。

また、より効果的なコツもあります。テクノロジーについての解説文中で「〜のよう

比喩表現による早合点

比喩表現は理解の助けになる反面、誤解のリスクも高まる。

な・〜のように」という比喩表現を使っていたら要注意です。先ほどの解説文をもう一度見てみましょう。

> AIは、ロボットのコンピューターに学習や思考の能力を持たせた知能のことです。
> 人間のように、過去のデータを元に未来を予想したり、得た情報を識別したり、最適な選択肢を決定したり、提案したりすることができるようになります。

「人間のように」とはどういうことでしょうか。確かに人間は、予測したり、判断したり、推論や提案ができます。また、ここでは「ロボット」という表現もあったので、完全に人間と同じ、もしくは人間に近い知能を持っているとDさんは早合点してしまいました。

比喩表現はわかりやすく別のものに例えてくれますが、誤解を与えてしまう危険性もあります。**比喩にはちょっと**

注意するということも覚えておきましょう。

コツ❷ さっと流さず、じっくりと確認しよう

第4章では「ＥＶ」を取り上げました。ＥＶとよく似ているものに「ＨＥＶ」というものがあります。どうせＥＶと同じでしょと思わず、どんなものかを見ていきましょう。「ＨＥＶ」をグーグル検索してみると、次のような結果が見つかりました。

ＨＥＶは、Hybrid Electric Vehicleの略で、ハイブリッド車と呼ばれます。
ＨＥＶはガソリンと電気の動力を使い、速度が上がるときには電気を使い、速度が安定したときにはガソリンを使います。減速するときには、発電することができます。
ＥＶのように外部の設備と接続して充電する必要がありません。

この検索結果からＥＶとＨＥＶは違うことがわかります。ちなみにトヨタ自動車のプリウスや本田技研工業のフィットはＨＥＶです。

ＨＥＶの解説によると、ＨＥＶはガソリンと電気で動くとあります。ガソリンと電気が燃料ということですね。ガソリンを使うものは何だったでしょうか。そう、エンジンでした。エンジン内でガソリンに点火させることでシリンダーをピストン運動させ、駆動させる力が生み出されます。

では、電気を使って自動車を動かすものは何でしょうか。そう、モーターです。つまり、ＨＥＶはエンジンとモーターの２つを搭載している自動車です。２つあるのでハイブリッドということなのがわかります。

ＥＶとＨＥＶがなんとなく似た名前のために同じものだと混同している人が少なくないのですが、実際には別のものです。調べた結果を注意深く読んで理解すれば、違うものを指す用語だと気づくことができます。

コツ❸ 表、図解、画像、動画を活用しよう

コツには、表、図解、画像、動画を活用する方法もあります。

教科書を読むよりも、漫画や動画を見たほうがわかりやすく、すぐに理解できるタイプの人っていますよね。**そのほうがイメージがわきやすく、理解が進む**のでしょう。人

間は視覚から取り込む情報が圧倒的に多いことも関係があるかもしれません。8割から9割は視覚からの情報だといいますから。

最近では、わからないことを動画配信サイトで検索すると、いろいろな動画解説が見つかります。特にユーチューブは配信者が工夫を凝らす傾向があるので、おもしろく編集された動画は想像力や妄想力を刺激します。

学習系アプリも便利です。人から教えてもらう代表例は学校の授業ですが、板書もなく教科書を棒読みだったりして眠気を誘う授業もありますよね。一方、学習系アプリは豊富な図解や動画の解説があるので、わかりやすく感じられ、自分の理解が間違っていなかったかも確認しやすくなります。

コツ❹ 音声で聞いてみよう

理解できたかを確認するコツには、耳で聞くという方法もあります。

世の中には、オーディブルやオーディオブックなどビジネス書や、小説などの本を音声で提供するアプリがあります。この他、ワードに入力した文字を読み上げる機能を使うこともできます。私もよく利用しています。

テキストとして文字を認識するのと、文字を音声として耳で聞くのでは、インプットに差がないという学術的な論文が発表されています。どちらか一方がより理解がはかどるというわけではないそうです。

でも、私自身はインプットとしては両者に少々差があるような気がしています。音声のインプットは場所・時間・行動に依存しなくていいので非常に便利です。リスト化した検索結果を読むよりも、耳から繰り返し聞くほうが取り組みやすいように思います。

コツ❺ 3Wを意識して理解を深めよう

インターネットの検索結果を使って理解するときに、3W（When,Where,Who）の観点が抜けていないかは注意しましょう。

Whenは「そのテクノロジーはいつの時間軸の話なのか、いつ実現するのか」、Whereは「宇宙、地球、海、国、地域、または市場のいずれの空間の話なのか」、Whoは「誰がそのテクノロジーを開発したのか、利用しているのか（政府、自治体、企業）」という観点です。

「自動運転車」を例に考えます。ここでもまずはグーグル検索です。あるサイトから次のような解説文が見つかりました。

自動運転車とは、ヒトに代わって自動運転システムが認知や判断をしながらアクセル、ブレーキ、ステアリング操作などの運転操作を行うクルマのことです。

次に、自動運転車を取り上げたテレビのニュース番組を観ることにしました。番組の中でアナウンサーが、次のように言いました。

「人間がハンドルを操作せずに、自動運転で目的地まで連れて行ってもらう時代はもう少し先かもしれませんね」

ここで、自動運転車はまだ実現されていないのかと気づくことになります。そこで今度は「自動運転」と「実現」をネット検索で調べてみました。ここで意識した観点は「When（そのテクノロジーは、いつ実現するのか）」です。

自動運転レベル	概　要
レベル1	**運転支援**：システムがアクセル・ブレーキ操作またはハンドル操作のいずれかを条件下で部分的に実行。
レベル2	**特定条件下での自動運転機能**：システムがアクセル・ブレーキ操作またはハンドル操作の両方を条件下で部分的に実行。
レベル3	**条件付自動運転**：システムが全ての運転操作を一定の条件下で実行。システムの介入要求などにドライバーが適切に対応。
レベル4	**特定条件下における完全自動運転**：システムが特定条件下で全ての運転操作を実行。
レベル5	**完全自動運転**：システムが常に全ての運転操作を実行。

出典：国土交通省、政府広報オンライン、チューリッヒ保険会社の各サイトを参考に作成

見つかったのが上の表です。自動運転車の技術にはレベルがあることまでわかりました。最初のネット検索の結果には含まれていなかった観点を、アナウンサーの言葉によって気づくことができました。

ちなみに、**3Wの観点は1つも欠けないことが基本**です。1つでも欠けると正確に理解できたとは言えません。情報の取りこぼしがあるはずなので、「何かが足りない」と自ら疑えるようになりましょう。実際のところ、何かが欠けたままでは頭の中に情報が定着しづらいと思います。

コツ❻ 経緯や由来を探ろう

これまではテクノロジー単体の例を用いてきましたが、ここからはテクノロジーを使ったサービスを例にして考えてみます。

E社が次のようなタイトルのプレスリリースを発表しました。プレスリリースとは、企業や団体が新製品や新サービスなどを公にPRするための発信です。

【タイトル】
誰でも手軽にメタバース上で展示会や個展、イベント開催ができるサービスを提供開始

【本文（一部）】
これはメタバース上で、NFTを使って、誰でも手軽に展示会やイベントを開催できるサービスです。現実の展示会やイベントよりも低コストで、地理的および物理的な制約がありません。

「知らない」ことの多くはインターネット検索で理解することができますが、プレスリリースの本文の中に自分が知らなかった情報が説明されていることもあります（第6章で詳しく述べます）。

次に、長いプレスリリース本文をシンプルに表現してみます。

NFTを使って、どんな人でも手軽にメタバースイベントや個展を開催できるサービス

ここで気になるのは「NFT」です。実は第3章でもちょっと出てきたのですが、ここではしっかり調べてみましょう。NFTを検索をしてみます。

NFTとは、Non-Fungible Tokenの略語です。デジタルアイテムの所有権を証明する特別な証明書で、つまりはNFTがユニークで、同じものが存在しないという非代替性という特徴があります。

これを読んでもまだイメージしにくいですね。シンプルな一文にするならば、こんな感じでしょうか。

――NFTはデジタルアイテムの所有権を証明する証明書で、ユニークで唯一無二であることを意味する。

もう一度、このサービスは何のサービスだったのかを読み直します。そう、「メタバースで展示会、個展、イベントを開くサービス」のことでした。

次に、インターネット上でできることを考えてみます。インターネット上の情報はコピーし放題です。しかし、絵画や広告などのデジタルコンテンツのコピーが横行してしまったら、作者の著作権が守られません。ですから、このプレスリリースでアピールしているのは「NFTというテクノロジーのサービスがあれば、アーティストは安心して個展を開ける」ということだと推測できます。けれども、

「なぜ、展示会や個展、イベントをメタバースで開く必要があるのか？　リアル店舗で

開けばいいのでは？」

「メタバースで個展を開くといっても、専門的な知識や相当の労力が必要じゃないのか？」と疑問に思いませんか。実は、その答えもプレスリリースに記載されています。

例えば、個展を開きたいアーティストは国内にたくさんいますが、実店舗での個展開催は資金が準備できない、会場が確保できないなどの課題があって、ハードルが高いのです。

一方、このサービスは低コストで実現でき、地理的・物理的な制約を受けません。誰でも簡単に、指定する場所に展示することができます。

こうして、メタバースとNFTというテクノロジーを使ったサービスを理解することができました。もう少し欲を出すならば、企業がこのサービスを開発し、ビジネスを始めた**背景や理由まで調べてみる**と、より深く「知らない」ことを「知る」ことができるでしょう。

コツ❼ 人と会話しよう

間違っていないか、勘違いしていないかを確かめる最後のコツは「人と会話をする」ことです。第4章で述べた「人に教えてもらうことの大切さ」と重なることが多いですが、メリットは次のようなものです。

- 「教えてもらう」わけではないので「気軽に」確認できる。
- 自分の理解した内容を人に聞いてもらえる。
- 相手が指摘をしてくれて、自分の理解を修正できる。
- さらに知ることができ、理解を広げられる。
- 自分の現時点での理解度を客観的に把握できる。
- 知識が定着しやすくなる。
- 興味を持つようになりモチベーションが上がる。

ただし、相手から指摘をしてもらえないこともあります。

逆の立場だったとして、「あ、これ間違っているんだよなー」と思いつつも、指摘せずに会話を続けてしまった経験はありませんか。相手に失礼だ、良い関係を壊したくないという思いから、つい遠慮してしまうこともあるでしょう。

では、自分が指摘をしてもらえないときはどうしたらいいでしょうか。

・相手の発言に違和感があれば必ず察知し、その内容を記憶する。
・相手が表情を一瞬変えたり、発言が止まったりするタイミングを記憶する。
・会話が噛み合わないときを記憶する。

ここで記憶したことは、後からネット検索などで確認していきましょう。

コツ❽ 事実と解釈を分類しよう

新しいことを理解したら、その内容を「事実」と「解釈」に明確に分けます。

「事実」とは真実や事実、起きた事象のことです。

「解釈」とは事実とは別に抱く考えや思い、とします。ここでは意見と言い換えても

事　実	解釈（意見）
・メタバースはネット上の仮想空間。 ・現実世界を超える体験とコミュニケーションを通して、経済活動が生み出される。 ・ユーザーは、三次元で構成された仮想空間の中で、自分の分身であるアバターによって自由に動き回り、他者と交流し、商品やサービスを買ったり売ったりという体験ができる。	・世界中の人々と繋がれる。 ・建物などの不動産や自動車も買える。 ・アバターの顔や容姿、服装を自由に変えることができる。

事実か解釈かを調べる → 事実

いいでしょう。

「事実」と「解釈」を分類しづらいときは、**「解釈」の文末を「〜だろう・〜かもしれない・〜してみたい」という表現にする**と、より分けやすくなります。

「解釈（意見）」ができたら、「それは本当にできるのか？」という問いを持って調べると、さらに判明する「事実」が増えます。解釈（意見）は、第7章で述べる未来予想にも繋がります。

コツ❾ 同格関係、因果関係、対比関係、比喩表現に注目しよう

ネット検索で調べた解説文を読み解くためには、同格関係、因果関係、対比関係、比喩表現、の4つを見極めることが大切です。

同格関係
A is B（AとBはイコール）という関係。

因果関係
「○○だから、△△」「XXならば、□□」のように、原因と結果、条件と結果の関係。結果に至る原因や条件を理解することができる。

対比関係
2つ以上のことを比べている関係。どんな観点で比べているのかがポイントになる。

比喩表現

「～のような・まるで～のごとく・～に例えると」という表現。事実ではなく、読み手が理解しやすいものに形を変えている。読み手の理解を助ける役割を果たす。

この4つの中でも、最初に挙げた「同格関係」が私は一番大切だと思います。何かを調べ、見つかった解説文の中で、イコールで捉えられるものがあれば、理解のスピードが格段に上がるからです。例えば、「水は液体である」は同格関係です。当然、誰もが「水」について知っているわけですが、仮に初めて知るものであったとすると、それについてゼロから理解するには骨が折れます。でも、液体がどんなものかを知っているならば、「水は液体である」はぐっとイメージがわいてきます。**片方の情報に助けられて、もう一方を素早く理解できる**ので、私は同格関係を最初に探すようにしています。

次に着目したいのは「因果関係」です。解説文の中にはおそらく原因と結果があるので、同格関係によってある対象をある程度理解できたとすると、その原因と結果を見つけることでさらに理解が進みます。

「対比関係」と「比喩表現」は先述の2つに比べて、さらに理解を深めるときに役立つものです。解説文の中に常にあるわけではないですが、見つかったときには注意深く読んでみるといいでしょう。

コツ⑩ 専門施設へ行ってみよう

専門施設へ行ってみるのも理解のための近道になります。

もしも超伝導をいまいち理解できないのであれば、超伝導の現象を見せてくれる施設へ足を運びます。ロケットや人工衛星など宇宙のテクノロジーについて知りたければ宇宙航空研究開発機構JAXAの展示施設を訪れます。素粒子物理学について知りたければつくばにある高エネルギー加速器研究機構へ、発電施設であれば東京電力などへ、航空機であれば各航空会社の施設へ、科学全般であれば理化学研究所などです。専門施設にはその分野に詳しい職員の人たちもいるはずなので、直接話を聞けることもあります。

専門施設でなくても、サイエンスエンターテイナーのショーを見たり、子ども向けの科学教室を覗いてみるのもいいでしょう。専門性を高めたいときは学会を訪れる方法もあります。

私も学生時代や20代の頃は専門施設へ足を運びました。当時、私は自分が本当に進みたい道を模索していました。やりたいことや新しいことを見つけたくて、また、見つかったものが本当に自分に合っているかを確認したくて、専門施設を訪れては、普段見ることができないものをできるだけたくさん見てまわりました。交通費はかかりましたが、得難い体験ができたと思います。

例えば、沖縄やんばる海水揚水発電所を見学したことがありました。揚水発電とは、わざわざ水を高いところへ運び、そこから流れ落とすことで発電する施設です。私は巨大な水路の中を通ったり、実際に水が流れ落ちるところを目撃することができました。もちろん施設に行く前には、調べた解説文をじっくりと読んで理解したつもりだったわけですが、現地で実際に見ると新しくわかることや発見がたくさんありました。それは実感を持って理解できたともいえます。「百聞は一見にしかず」とは単なることわざではないな、ものごとを理解するときの本質を突いているなと思ったものです。

この経験はいまも私の中に生きていて、時間が許す限り、自分の目で見て理解することを心がけています。

CHAPTER 6

「知る」ための構造化のススメ

1 「構造化」というエクストラサクセス

第5章まで、「知らない」を「知る」に変える心構えや方法を紹介しました。ここまでくれば目的達成、つまり成功（サクセス）といえるでしょう。

目的達成ができれば、それだけでも十分です。しかし、そのちょっと上の理解の仕方も知ってほしいので、第6章では「構造化」について紹介します。構造化は、**サクセスのもう一段階上となる「エクストラサクセス」**と位置付けます。

本来、エクストラサクセスとは主に宇宙産業において使われる用語です。ある目標が複雑で、目標を達成した「度合い」を知りたいときは、サクセスの基準を何段階かに分けて設定することがあります。そうすることで一言でサクセス（成功）と捉えるのではなく、自分がどの段階で成功できたのかが明確になります。

構造化ができると、**ものごとの骨子を正確に理解でき、整理し、相手にわかりやすく伝えるといった応用が利く**ようになります。

例えば、動物というと大きなまとまりですが、動物は脊椎動物と無脊椎動物に分けることができます。脊椎動物は脊椎を持つ動物のまとまりで、哺乳類、鳥類、爬虫類、両生類、魚類に分けることができます。また、無脊椎動物とは脊椎動物以外の動物のことで、節足動物と軟体動物とその他に分けられます。節足動物には虫類やクモ類、甲殻類などがいて、軟体動物にはイカやナメクジなどがいます。

「動物」というまとまりは、このようにさまざまな種類の動物で成り立っています。これが「構造化」です。構造化はたくさんの要素を挙げ、共通点を探し、仲間分け（グルーピング）をするということなのです。

動物や哺乳類など、既に知っている知識であれば、すぐに構造化できるかもしれません。構造図がおおよそイメージできるからです。しかし、新しいことをゼロから理解したり、整理したりするときの構造化は容易ではありません。できるようになるには訓練が必要だと思います。

私は大学院の博士課程を修了するために（大学院では卒業といわず修了といいます）、

査読付きの論文や博士論文を執筆しました。

通常、論文は提出前に指導教官や助手（現在の助教）が添削してくれます。添削されて返ってきた私の論文は、赤字にあふれて紙面が真っ赤でした。私が書いた形跡はほとんど残っていません。繰り返し提出しても、毎回、真っ赤になって戻ってきました。

赤字の指摘のほとんどは「構造化」に関するものでした。

論文には冒頭に「アブストラクト（その論文の要約）」がありますが、そこからして課題がありました。書くべきことが全く書けていなかったのです。さらには「はじめに」「本文」「まとめ」という章立てが整理できていなかったので、各章で書くべきことも書けませんでした。

博士課程には、博士論文の中間考査というイベントがあります。数時間にも及ぶ長丁場で、教授たちは学生の論文内容について質問したり、課題を指摘したりします。

私の論文は、「ここのロジックが弱い」「この実験にはエビデンスはないのか」「ここは分析結果なのか考察なのか、どちらかわからない」「この論文で君が言いたいことは何か」と、たくさんの質問や指摘を受けました。

ありとあらゆる指摘を受けて、当時、私は頭がおかしくなるくらい疲弊しました。今でも思います。私のような未熟な学生を見捨てず、根気強く、最後まで厳しく指導してくれた先生たちも大変だっただろうと。

そうした指導のおかげで、私はある程度の構造化ができるようになりました。今では論文を読むと、それが良い論文か、未熟な論文かもすぐにわかるようになりました。良い論文とは、構造化ができているので、**書かれるべきことが適切な場所**に書かれています。未熟な論文とは構造化ができていないがために書かれるべきことが迷子になって、いろいろな場所に散らばっています。書き手は一生懸命に書いたでしょうが、熱い思いとは裏腹に、内容が正確に適切に読み手に伝わりません。構造化ができていない論文を書いてしまったら、そんなレベルの研究者だと周囲から認識されます。アカデミックの世界は論文1つで研究者のレベルが如実にわかってしまいます。

私は博士論文を書き終えた後も、他者の論文を読む中で疑問が生じると、時折、指導教官や助手の人に質問を続けました。「ここっておかしくないですか」「ここに書くべき内容ではないと思うのですが」などと確認していくうちに、やがて私の指摘と先生たちの指摘が一致するようになりました。こうしたやり取りは3年間続いたのですが、まさに「構造化」というものを理解する訓練の時間だったと思います。

また、「構造化」は学術論文に限ったことではありません。ビジネスの分野では企画書やプレゼン資料にも構造化できていることが重要です。構造化ができていない資料は、どんなにアイデアが良くても、誰もやったことがない斬新なものでも、他者に伝わりにくい内容になってしまいます。

2 構造化できれば、理解はどんどん進む

構造化という言葉は、「構造」と「化」に分けることができます。

- 「構造」とは、要素と要素を組み合わせてできたもの。
- 「化」とは、その状態、形、姿に変えること。

つまり構造化とは、**ものごとをある要素に分けて理解すること**です。

例えばコンサルティング業界では、構造化をとても重視します。構造化は、ものごとを深く掘り下げたり、互いの共通認識を図るために使ったり、問題や課題を洗い出したり、解決策を導いたり、優先順位を付けたりするときの基本的な考え方になるからです。

では、2つ以上の言葉を組み合わせた用語を例に、構造化について考えます。

第1章で取り上げた「ナノマシン」は、「ナノ」と「マシン」に分解でき、その2つの要素で組み合わせた構造を持っていました。

ここでは「リニアモーターカー」を例に見てみましょう。いつものように調べてみると、次の解説文が見つかりました。

【リニアモーターカー】

リニアモーターカーとは、リニアモーターによって動く車両のことです。リニアモーターとは、磁石のN極とS極が交互に配置され、直線の状態に引き延ばした形をしています。リニアモーターは、超伝導磁石を用いています。超伝導の現象が利用され高い電流を流せるため、強力な磁場を発生することができます。車両には超伝導磁石がN極、S極と交互に配置され、車両の超伝導磁石に相対する地上側にも磁石が設置されています。地上側の磁石による磁場で車両を浮かせます。地上側の磁石による磁場と車両の磁場で、N極とS極が引き合う力、N極同士、S極同士が反発する力を利用して車両を前進させます。

この文章は3つに分解することができます。

①リニアモーターカーとは、リニアモーターによって動く車両のことです。

②リニアモーターとは、磁石のN極とS極が交互に配置され、直線の状態に引き延ばした形をしています。リニアモーターは、超伝導磁石を用いています。超伝導の現象が利用され高い電流を流せるため、強力な磁場を発生することができます。

③車両には超伝導磁石がN極、S極と交互に配置され、車両の超伝導磁石に相対する地上側にも磁石が設置されています。地上側の磁石による磁場で車両を浮かせます。地上側の磁石による磁場と車両の磁場で、N極とS極が引き合う力、N極同士、S

―極同士が反発する力を利用して車両を前進させます。

①は「リニアモーターカー」について、②は「リニアモーター」について、③は「リニアモーターカーが動く仕組み」について述べています。つまりもとの解説文は、①②③の3つの要素で構成されている（構造化されている）といえます。

3つの観点で分けると170ページのようになりましたが、まだ文章が長いと思うようであれば、さらに大きな数で分けてみるのもいいでしょう。分割することで、1つ1つの要素は何について書いてあるかがわかりやすくなります。今度は5つに分けてみます。

―1リニアモーターカーとは、リニアモーターによって動く車両のことです。

――2リニアモーターとは、磁石のN極とS極が交互に配置され、直線の状態に引き延ばした形をしています。

―3リニアモーターは、超伝導磁石を用いています。超伝導の現象が利用され高い電

解説文	3つに構造化	5つに構造化
リニアモーターカーとは、リニアモーターによって動く車両のことです。	①	[1]
リニアモーターとは、磁石のN極とS極が交互に配置され、直線の状態に引き延ばした形をしています。	②	[2]
リニアモーターは、**超伝導磁石**を用いています。超伝導の現象が利用され高い電流を流せるため、強力な磁場を発生することができます。		[3]
車両には超伝導磁石がN極、S極と交互に**配置され**、車両の超伝導磁石に相対する地上側にも**磁石が配置**されています。	③	[4]
地上側の磁石による磁場で**車両を浮かせます**。地上側の磁石による磁場と車両側の磁場で、N極とS極が引き合う力、N極同士、S極同士が反発する力を利用して車両を前進させます。		[5]

流を流せるため、強力な磁場を発生することができます。

---

[4]車両には超伝導磁石がN極、S極と交互に配置され、車両の超伝導磁石に相対する地上側にも磁石が設置されています。

---

[5]地上側の磁石による磁場で車両を浮かせます。地上側の磁石による磁場と車両の磁場で、N極とS極が引き合う力、N極同士、S極同士が反発する力を利用して車両を前進させます。

---

[1]リニアモーターカー、[2]リニアモーター、[3]超伝導磁石、[4]磁石の配置、[5]車両の浮上、という5つの要素に分解できました。つまり、

技術要素	技術レベル	実現時間軸	自動車メーカー
位置特定技術	レベル1	到達・販売中	○○○○社
歩行者・障害物認識技術	レベル2	到達・販売中	□□□□社
人工知能	レベル3	到達・販売中	△△△△社
予測技術	レベル4	実証段階	XXXXX社
プランニング技術	レベル5	未来	▽▽▽▽社
ドライバーモニタリング技術	−	−	−

※技術要素：自動運転車を実現するために必要な個々の技術のこと。

5つの要素で構造化されているといえます。

第5章で取り上げた「自動運転車」についても構造化の観点で見てみましょう。

まずは自動運転車がどのようなものかを簡単に理解したとします。

次に、テレビニュース番組で自動運転車には技術レベルがあることを知りました。技術レベルには実現の時間軸があることもわかりました。

さらに技術レベルに応じた自動車メーカーが開発し、既に販売しているテクノロジー（製品）があることもわかりました。

このように、自動運転車を技術要素、技術レベル、実現時間軸、自動車メーカーという要素に分けて整理し、構造化することができます。

世の中には構造化できることが数多くあり、いかに構造化できるかが理解の鍵になります。

3 構造化の訓練にはプレスリリースが最適！

プレスリリースとは、企業や団体が新製品や新サービスなど新しいことを公に発信したりすること、またはその媒体（メディア）のことです。

プレスリリースは次のような特徴から、テクノロジー脳をつくり、構造化を訓練することに利用できます。

・新聞やテレビよりも早く、最新テクノロジーの情報を入手できる。
・最新のテクノロジー用語について解説されていることが多い。
・文章が構造化されているので理解しやすい。
・キュレーションサイトがある。

プレスリリースを読む習慣をつけよう

構造化の訓練にはプレスリリースを読む習慣をつけることが最適です。習慣化できれば、目標に近づくことができ、自信になり、継続が嫌ではなくなります。そうはいっても、習慣化は簡単ではないのもわかります。習慣化するにはこんなコツがあります。

・すぐに始める。
・まずは「続ける」ことを目標にする。
・ハードルを下げた目標を設定する。
・実施する曜日、時刻、時間、場所を決める。
・別の習慣と一緒に取り組む。
・周囲の人たちに宣言する。
・一緒に行う仲間を作って実行する。

習慣化には、きっかけが必要です。きっかけとは、本やネットからの情報や、友人の行動に触発されてなど、何でもよいのです。**きっかけがあったら「すぐに」次の行動**を始めます。人は気持ちが冷めるのも早いので、とにかく「すぐに」です。

本書をきっかけとして、ぜひプレスリリースを読む習慣を持ってみてください。まずは続けることを目標にします。初めて行うときは、一週間に一度など負担にならない頻度を設定します。週末や仕事が休みの日、定時退社の日など、時間的余裕のある日がいいでしょう。一方で、時間を空け過ぎるとやるのを忘れてしまいがちです。やめるリスクが高まるので、適度な頻度で行いましょう。

プレスリリースを読む「量」の設定も重要です。多すぎると複数のものごとを整理したり分類しての理解が追いつかなくなるので、興味のあるプレスリリースを1つだけ選んで読む、全文は読まずに要旨だけを読む、など無理のない設定にします。

プレスリリースを読む頻度が高くなり、要旨だけではなく全文を読む、読む本数が増えるなど徐々に読む量を増やしていくと、あるとき突然、気づける瞬間が来ます。

「以前に比べて理解のスピードが上がっている」「この内容は前にも似たものがあったな」と思えたら、良いタイミングです。ステップアップしてみてください。ステップアップとは階段を一段上がる、つまり基準を少しだけ上げることです。

ここで、いきなり二段階も三段階もステップアップするのはやめましょう。過信は禁物です。過信すると急に高い目標を設定しがちです。私もよくやってしまって失敗するのですが、積み上げてきた習慣化を崩さないように、**目標設定は徐々に上げていく**ようにします。

やめるリスクを避けるために

でも、「軌道に乗ってきたと思ったら急に忙しくなって、やめてしまうことが多いです」という人もいるでしょう。やめるリスクを回避するコツもあります。

- 思いがけないことが起きたときの「行動ルール」を予め決めておく。
- 「続ける」という頭のスイッチを切らない。
- すぐに成果や結果を求めない。

やめるリスクを避けるコツ

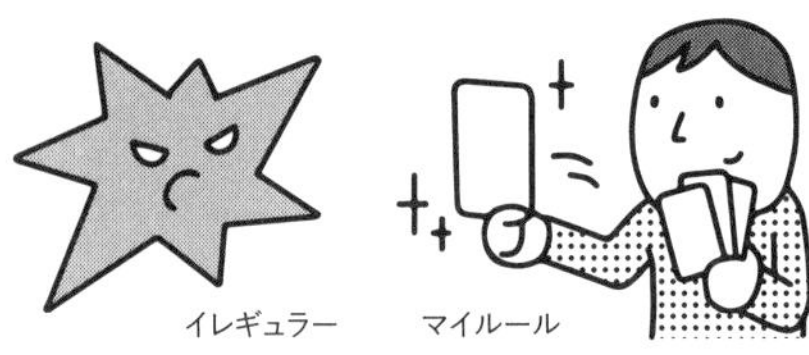

せっかく続けてきたことをイレギュラーなことによってやめてしまわないために、
マイルールを持っておく。

・やる気や高いモチベーションよりは、平常心を保つ。
・完璧主義にならない。

続けるためには、**どんなイレギュラーなことが起こるかを事前に想定**しておきます。急な残業、突然のお誘い、不幸な知らせなど、日常的にはさまざまなことが起こりえます。イレギュラーの内容によっても対応策は変わるので、複数のパターンを予想してマイルールを持っておきましょう。例えば、こんなルールが考えられます。

・プレスリリースを読み損ねたら、翌日か翌々日の時間を確保する。または、翌週からいつもの習慣化へ戻す。
・今週は諦め、翌週から通常の習慣化へ戻す。

もし、その日に少しだけなら実行できるときは、こんな方法もあります。

・プレスリリースのタイトルだけでも確認する。
・プレスリリースの要旨のみ理解する。

プレスリリースの見つけ方

プレスリリースを見つける方法は無数にありますが、簡単に見つかる方法を２つ紹介します。

１つは**キュレーションサイトでの確認**です。スタートアップ企業から大企業まで、企業の多くはプレスリリースを発表するときにキュレーションサイトを利用します。キュレーションサイトとは特定の情報をまとめているサイトで、プレスリリースを集めたサイトには、PR TIMES、アットプレス（@Press）、共同通信ＰＲワイヤーなどがあります。

・PR TIMES　https://prtimes.jp/
・アットプレス（@Press）　https://www.atpress.ne.jp/
・共同通信PRワイヤー　https://kyodonewsprwire.jp/

いずれのサイトも企業の新情報が集積され、さまざまなプレスリリースを無料で読むことができます。また、新聞やテレビなど、マスメディアではまだ報道されていない話題や、扱われない話題もキュレーションサイトで読むことができるので、マスメディアに頼らない情報収集が可能となります。

もう1つの方法は、**グーグルアラートの利用**です。グーグルアラートは、指定したキーワードに関する最新情報をメールに定期的に配信してくれる無料サービスです。昔から多くの人が利用していて、次のようなメリットがあります。

・キーワードを設定するだけで欲しい情報収集ができる。
・最新情報を入手できる。
・検索の手間が省ける。

・情報収集の抜け漏れをある程度防げる。
・グーグルアラートの配信頻度を選べる。

・グーグルアラート　https://www.google.com/alerts

グーグルアラートではキーワード入力欄に知りたい情報を入力します。また、複数のキーワードを指定できます。キーワードを入力したら、設定を選びます。

・頻度：「その都度」「1日1回以下」「週1回以下」から選択。
・ソース：「ニュース」「ブログ」「ウェブ」「ビデオ」などから選択。
・言語：通知言語を設定（日本語がいいでしょう）。
・地域：受け取りたい情報の国や地域を指定（全ての地域で可）。
・件数：「上位の結果のみ」「全ての結果」から選択。
・配信先：アラートを受け取るメールアドレスを指定。

設定すると、登録したメールアドレスにプレスリリースのタイトルが列挙されて届くようになります。興味を引かれるタイトルがあれば、リンクをクリックして読むことができます。

タイトルに注目する

たくさんのプレスリリースが見つかったら、「タイトル」で選びます。プレスリリースのタイトルは、発信者側が考え抜いた凝縮した表現で、長さは50字程度です。内容をシンプルに表しているので、情報の良し悪しを判断するのにもってこいです。もちろん読んでみたら期待外れだったということもあるので、まずは気軽に選んでみるのがいいでしょう。

タイトルからプレスリリースを選ぶときは次の点に注目しましょう。

・興味のあるキーワードがタイトルに含まれているか。
・注目している企業、大学、研究機関の名称が含まれているか。
・「史上初」などの語が含まれ、初めて成し遂げた内容や、他社が実施していない内容だと思われるか。

・「〇〇に成功」「××を実現」「△△を開発」などの記載があるか。
・「〇〇を開始」「××をローンチ」「△△を始動」などの記載があるか。

プレスリリースの文章構造

プレスリリースの本文は、どのような構造になっているのでしょうか。ここでは宇宙ビジネスの架空のプレスリリースを2つ、例に挙げます。

【プレスリリースa】
日本初となる月周回スペースコロニー構想を発表

A社は、日本で初めて月周回軌道にスペースコロニーを建設する構想を打ち立てました。日本国内の民間企業としては初めての試みとなります。弊社はこれまでに、地球低軌道において、宇宙有人活動の分野で数多くの開発、運用実績を形成してまいりました。これらの経験と知見を活かして、月周回軌道にスペースコロニーを建設し、月の生活圏や経済圏の構築を目指してまいります。

アポロ計画から約半世紀後、アルテミス計画が立ち上がり、人類は再び月へと向かおうとしています。アルテミス計画は、アメリカ航空宇宙局NASAを中心に世界各国の宇宙機関や企業が参画した有人月面探査計画のことです。日本では、宇宙航空研究開発機構JAXAや日系企業が参画し、さまざまな取り組みが開始されようとしています。

中でも、月周回有人拠点であるゲートウェイ計画も進行しています。月面探査のための中継基地や将来の火星探査のための重要な拠点です。

一方で、企業として月の生活圏や経済圏を構築するための取り組みも検討しなければなりません。

【プレスリリースb】

日本初となる月周回スペースコロニー構想を発表

A社は、日本で初めて月周回軌道にスペースコロニーを建設する構想を打ち立てました。日本国内の民間企業としては初めての試みとなります。2035年までに最初のモジュールを打ち上げます。

アポロ計画から約半世紀後、アルテミス計画が立ち上がり、人類は再び月へと向かおうとしています。アルテミス計画は、アメリカ航空宇宙局NASAを中心に世界各国の宇宙機関や企業が参画した有人月面探査計画のことです。日本では、宇宙航空研究開発機構JAXAや日系企業が参画し、さまざまな取り組みが開始されようとしています。

中でも、月周回有人拠点であるゲートウェイ計画も進行しています。月面探査のための中継基地や将来の火星探査のための重要な拠点です。

一方で、企業として月の生活圏や経済圏を構築するための取り組みも検討しなければなりません。

・月周回スペースコロニー構想について

A社は、日本国内の民間企業の中心となり月周回軌道上にスペースコロニーを構築することをゴールとしています。協力企業とともに、2035年までに最初のモジュールを打ち上げ、2050年までには、スペースコロニーの完成を目指します。

スペースコロニーは、複数のモジュールからなり、大型の太陽電池パネル、姿勢軌道制御のための大型のリアクションホイールやスラスター、各種センサー、さらに、水濾過循環装置、空気環境維持装置、廃棄物除去装置などの重要な装置が搭載されています。

スペースコロニーでは、衣食住が実施できる個室を含めた寝室、トイレ、調理設備、運動設備を備え、また地球を展望できる部屋、人が集まりコミュニケーションを交わす部屋なども準備します。また、月周回軌道で地産地消できる宇宙農業にも力を入れます。

他にも、スペースコロニーに滞在する人向けにVRやメタバースを活用したエンターテインメントサービスや地球でのエンターテインメントも提供します。

A社は、この日本国内初となる民間主導の月周回軌道上のスペースコロニーを拠点として、月以降の火星への新宇宙への人類の進出のハブとしての役割を果たし、火星での新たな生活圏、経済圏の創出する計画も描く予定です。

プレスリリースaとbは同じことが書かれています。みなさんはどちらのほうが理解しやすかったでしょうか。長い文章で頭に入ってこない、何が重要なのか把握できないと思うところですが、プレリリースの構造がわかっていれば理解しやすくなります。

プレスリリース本文には**6つの要素でできた「型」**があります。この型が構造です。

①タイトル
②要旨（アブストラクト）
③序・はじめに（背景や目的）
④本文（主張、伝えたいことの詳細）
⑤今後の見通し
⑥まとめ

さて、先ほどのプレスリリースａとｂについて、この型があったのはどちらでしょうか。そう、プレスリリースｂです。実際にどの部分が①～⑥であったのかを見てみます。

①タイトル

日本初となる月周回スペースコロニー構想を発表

②要旨（アブストラクト）

Ａ社は、日本で初めて月周回軌道にスペースコロニーを建設する構想を打ち立てました。日本国内の民間企業としては初めての試みとなります。２０３５年までに最初のモジュールを打ち上げます。

③序・はじめに（背景や目的）

アポロ計画から約半世紀後、アルテミス計画が立ち上がり、人類は再び月へと向おうとしています。アルテミス計画は、アメリカ航空宇宙局ＮＡＳＡを中心に世界各国の宇宙機関や企業が参画した有人月面探査計画のことです。日本では、宇宙航空研究開発機構ＪＡＸＡや日系企業が参画し、さまざまな取り組みが開始されようとしています。

中でも、月周回有人拠点であるゲートウェイ計画も進行しています。月面探査のための中継基地や将来の火星探査のための重要な拠点です。

一方で、企業として月の生活圏や経済圏を構築するための取り組みも検討しなければなりません。

④本文（主張、伝えたいことの詳細）

A社は、日本国内の民間企業の中心となり月周回軌道上にスペースコロニーを構築することをゴールとしています。協力企業とともに、2035年までに最初のモジュールを打ち上げ、2050年までには、スペースコロニーの完成を目指します。

スペースコロニーは、複数のモジュールからなり、大型の太陽電池パネル、姿勢軌道制御のための大型のリアクションホイールやスラスター、各種センサー、さらに、水濾過循環装置、空気環境維持装置、廃棄物除去装置などの重要な装置が搭載されています。

スペースコロニーでは、衣食住が実施できる個室を含めた寝室、トイレ、調理設備、運動設備を備え、また地球を展望できる部屋、人が集まりコミュニケーションを交わす部屋なども準備します。また、月周回軌道で地産地消できる宇宙農業にも力を入れます。

他にも、スペースコロニーに滞在する人向けにVRやメタバースを活用したエンターテインメントサービスや地球でのエンターテインメントも提供します。

⑤今後の見通し＋⑥まとめ

A社は、この日本国内初となる民間主導の月周回軌道上のスペースコロニーを拠点として、月以降の火星への新宇宙への人類の進出のハブとしての役割を果たし、火星での新たな生活圏、経済圏の創出する計画も描く予定です。

このプレスリリースでは⑤と⑥が同じ箇所に書かれていました。複数の型をまとめて記載することもあれば、書かない場合もあります。

プレスリリースは企業が自社の取り組みや成果を多くの人に知ってもらい、アピールする場なので、企業はわかりやすく、必要な情報を漏らすことなく、プレスリリースを作成する必要があります。そのため、プレスリリースは構造化されているのです。一般的に、学術論文も同じ理由で構造に忠実に書かれます。

読む目的に合わせて見る場所を変える

テクノロジー脳の実装にはテクノロジーの知識を身につける必要があるので、プレスリリースはぜひ読んでみましょう。でも、全文を読まなければ意味がないわけではありません。プレスリリースは構造化されているので、知りたいところや理解したいところだけに限定して読むので構いません。

プレスリリースの内容を短時間で把握したいときは「②要旨（アブストラクト）」だけを読みます。多くの場合、要旨（アブストラクト）は数行なので読むのに時間はかかりません。

もし月周回スペースコロニーを打ち上げる理由や意義を知りたいのであれば「③序・はじめに（背景や目的）」を重点的に読みます。

月周回スペースコロニー全般について詳しく知りたいときは「④本文（主張、伝えたいことの詳細）」を確認します。

将来どうなるのか、どんな構想があるのかを知りたければ「⑤今後の見通し」を読みます。

ただし、注意したいのは、あらゆるプレスリリースがこの型で構造化されているわけではないことです。構造化されている文章は、論理的に、分析的に書く訓練を受けた人が書いています。一方で、整った型で書かれていないプレスリリースに出会ったときは、

「この文章はアブストラクトのような表現だな」
「この章は日的や背景を述べているのだな」
などと**自分で読み解き、自ら構造化していく**ようにします。

まだプレスリリースを読む習慣をつける段階であれば、「②要旨（アブストラクト）」を理解するだけで十分です。

読み方に慣れて自信がついてきたときや、このテクノロジーは詳しく知りたいと思うときには③④⑤⑥も読んでいきましょう。

4 構造化ができれば、わかりやすい資料が作れる

①～⑥の構造が頭の中に入っていれば、各項目に従ってどんな資料でも迷うことなく作成できるようになります。企画書やプレゼン資料もこの構造に沿って作成できます。パワーポイントのように図表で示していくことが多い資料も、考え方は同じです。

私も①~⑥の構造で企画書や提案書、プレゼン資料を作成しています。ただ、①~⑥のどこから書き始めるかは目的や状況によります。

例えば、自分の企画を通したいときには「④本文（主張、伝えたいことの詳細）」を最初に書きます。すると頭の中で考えていたことがより明確になってくるので、一番に伝えたい「①タイトル」や「②要旨（アブストラクト）」が具体的に書き出せます。その後で、「③序・はじめに（背景や目的）」「⑤今後の見通し」「⑥まとめ」を書いていきます。

反対に、企業からの依頼があって私が提案書を作るときには、まずは「③序・はじめに（背景や目的）」の内容から確認するようにしています。なぜなら、企業にはどうしてこのプロジェクトや事業が必要なのかという背景や意思があって、到達したい目標があるからです。そこを理解しないことには進むべき方向性を間違えてしまうので、正しい目標設定の上で、正しい方向に進むために「③序・はじめに（背景・目的）」を重視しています。

このように、「構造化」は新しいことを理解するときだけではなく、資料を作る上でも非常に役立つ取り組みです。

CHAPTER 7

テクノロジー脳の計り知れないメリット

最後の章では、テクノロジー脳を実装することで得られる15のメリットを見ていきます。

1 テクノロジーを知ることができるようになる

テクノロジー脳を持つことで、テクノロジーについて自力で「知る」ことができるようになります。

ただ、「知る」という言葉の意味が広いので、何をもって「知ることができた」と言えるでしょうか。

私が考える「知る」という行為には4段階あります。①あるテクノロジーについての情報に触れる、②その情報に含まれている新たな用語や内容を記憶する、③内容について理解する、④第三者に内容を説明することができる、かつ使いこなす、です。わからない対象について、①の段階のときもあれば、③の段階のときもあるわけですが、最終的には④の段階にまで到達できることを目指したいものです。

そのためには、第3章～第6章までに述べてきたことをぜひ実践してみてください。世の中は今後さらに高度なテクノロジーに支えられていくでしょう。新たなテクノロジーもたくさん登場すると思います。でも、テクノロジー脳があれば、仕事や日常生活で適切に情報を得て、予測できない未来を生き抜いていくことができます。

メリットの大前提は、**未知のテクノロジーを自分で理解していく力が身につく**ということです。

2 論理的思考ができるようになる

テクノロジー脳があれば、テクノロジーの解説文から同格関係、因果関係、対比関係、比喩表現を見極めて、「なぜ、そうなるのか」という自分なりの問いを持つことができるようになります。たとえ解説文が長くても段落ごとに構造化をして、それぞれの段落の主旨を読み取れるようになります。テクノロジー脳を身につけることによって論理的思考ができるようになるのです。

では、論理的思考とはどのようなものでしょうか。それは論理立ててものごとを進めることができる思考のことで、次の３つの状態は、論理的思考ができているといえます。

・全ての事柄について、矛盾なく辻褄が合うように理解できていること。
・抽象的な表現を具体的な表現に変えられること。
・抜け漏れなく理解し、そこから情報の抽出ができること。

３つ目の「情報の抽出」とは、ここではファクトとしての情報や、あらゆる角度から考えられる想定や仮説、そして検討や分析から得た情報を「抽出」することを指します。私が関わるコンサルティングの仕事やプロジェクトマネジメントではこの必要性を痛感しています。

プロジェクトというものは、立ち上げ当初から綿密に計画を立てます。将来起きそうな、想定できることを全て挙げて検討し、抜け漏れがないようにするわけですが、プロジェクトの後半になって、後出しのようにさまざまな指摘をしてくる担当者が稀にいます。論理的思考ができていたら、計画を立てるときに想定課題を抽出できていたのではないかと思ってしまいます。

論理的思考ができるようになると、**計画性をもってものごとを進められる**ようになり、出戻りや後出しがなくなり、**効率的に効果的な成果を得られる**ようになります。それは学業でも仕事でも、非常に必要なことでしょう。論理的思考ができるとは、言葉を換えれば、地頭が良くなるということだと思います。

3 網羅すべき範囲がわかるようになる

新たに「知る」作業を続けると、当然ですが「知らない」ことが徐々に減ってきます。あるテーマや用語を調べても容易に新しい情報に出くわさなくなったとすれば、それは最低限の知識の範囲を網羅できたということです。ちなみに、ここまでの知識量があればおおよそのことがわかる値を「閾値」といいます。**閾値がわかれば全体像が見えてくる**ので、「知る」作業も気が楽になってきます。

　例えば「メタバース」について詳しくなろうとしたら、どこまでのことを理解する必要があるでしょうか。ＪＣＢＩ（Japan Contents Blockchain Initiative）というコンソーシアムのサイト（https://www.japan-contents-blockchain-initiative.org/）に約１００のメタバース用語集があります。ＪＣＢＩは専門性の高い組織で、そうそうたる企業が会員になっており、用語集にも専門的な解説がなされています。このメタバース用語集をほぼ理解できたら、メタバースについてかなり詳しくなれたと言えそうです。

　仮に、１００語を毎日１つずつ読むという目標を持てば、約３ヶ月で全用語を読んだことになります。こうしてメタバースに非常に詳しくなると、今度は関連する用語やニュースを理解するスピードが上がり、スムーズにわかるようになります。

　では、最低限の範囲とはどのように見極めるといいでしょうか。数を目安にしがちですが、数にこだわる必要はありません。最初はやる気をそぎ落とさない程度の量とします。次第に自分に合った数がわかり、範囲の当たりをつけられるようになります。当たりがつけられるようになると、知識を広げる計画も立てられるようになります。

4 新しい知識や情報が「かけ算」的に増えていく

過去に理解したことと似ていると、新たに「知る」作業が急激にスピードアップすることがあります。構造化をして捉える中で、**既知情報との重複に気づき、どうやって理解したらいいのか（理解のコツ）を思い出せる**からです。

容易に理解できるようになると、一度に複数のことが覚えられるようになります。たし算的スピードがかけ算的スピードにレベルアップし、表面的な理解が進むと、深層部への理解に移ります。そして、次のことができるようになります。

・A is Bという同格の関係が明確になる。
・5W1Hが明確になる。
・曖昧表現がなくなり、具体的になる。
・情報の信憑性を判断できるようになる。
・新しい切り口を見出せるようになる。

・書かれていない情報を引き出したり、読み取れるようになる。

5 視野が広がり、視点が定まり、視座が高くなる

テクノロジー脳を持つと、視野、視点、視座にも独自の見方が生まれるというよい影響があります。

視野、視点、視座は次のように定義します。

・視野：どの範囲でものごとを見るか。
・視点：どの観点でものごとを見るか。
・視座：どの立場でものごとを見るか。

（出典：GLOBIS CAREER NOTEを参考に作成）

「視野が広い」といえば、豊富な知識を利用して、広範囲を見ることができるという

ことです。視野は、豊富な知識を得なければ広がることはありません。視野が広がると、今まで辿り着けなかった領域へ辿り着き、さらに新しい知識を得られるようになります。さらに新しい知識を得ると、自信を得て、興味の幅も増え、やりたいことが見つかります。興味の幅ややりたいことが増えると、将来選択できる幅を広げることができます。

「視点」とは、「どの観点」でものごとを見るかということです。もう一度、「Web3」を例にグーグル検索をしてみましょう。

Web3は、①非中央集権化、②相互検証可能な透明性、③自己主権性、④自律性という4つの特徴をもつ。これらは、ブロックチェーン技術という、「信頼できる第三者」を介在させずに参加者相互による分散型の合意形成を実現し、すべての取引の監査証跡管理を可能にする技術に基づいて実現されている。（中略）

中央集権的な組織を介さずに、個人が自分の情報やデータを所有し誰でも安全に利活用できるWeb3という新しいインターネットの世界。

（出典：野村総合研究所ナレッジ・インサイト）

解説文は自分なりの観点を決めて読み解きます。観点とは、どんなテクノロジーか（分野）、どんな機能があるか、どんな現象を利用するのか、類似したテクノロジーはないか、誰が開発したのか、誰が使うのか（市場）、いつ使うのか、どのように使うのか、利用するメリット（利用価値）とデメリット、いつ実現できるのか（時間軸）、などです。

一度にいくつもの観点で読み解こうとすると大変なので、まずはどの観点で読み解くかを1つ選んでみましょう。どの観点がいいかわからないときには、予め観点を複数選んでみて、1つずつ順番に見ていきます。

観点を意識すると、次第に視点を定めて戦略的に考えられるようになります。

「視座」とは、「どの立場で」ものごとを見るかということです。

先の解説文でいえば、中央集権的な組織（政府や銀行）の立場、Ｗｅｂ３利用者の立場、Ｗｅｂ３を開発するエンジニアの立場、起業家の立場によって、それぞれの事情や思惑は異なるでしょう。ある立場に立ってとことん相手になりきって演じてみると、それまでには気づかなかった事情や課題に気づくことがあります。新たな問いも見つかるかもしれません。

単に「知らない」ことの知識を埋めるよりも欲しい情報がぐっと増えて、**多角的に考えることができ、より深く分析できる**ようになります。

6 「なぜ」という思考への変化

「なぜ?」とは理由や原因を知りたいときの言葉です。

知りたいこと自体を知らないときには「なぜ?」という言葉は出てきません。そういうときは「うーん」と言葉が詰まり、思考停止の状態です。

知識が増えてくると、「なぜ?」と問いたくなる場面も増えてきます。既にある知識に紐づく理由や原因を、新しくインプットする知識と関連付けたり、矛盾がないかを確かめたくなるからです。

反対に、**「なぜ?」という問いが出ないのは、理解が曖昧だったり、深く考えられていなかったり、表面的な理解にとどまっている**ときです。

ところで、「なぜ？」という思考を利用した分析手法があります。その名も「なぜなぜ分析」といい、製造業などテクノロジーに密接に関係するものづくりの現場でよく使われます。

この分析では「なぜ？」を5回繰り返すことで、根本的な原因を見出します。

例えば、工場で商品を出荷する際に不良品が混入してしまいました。

【事象：不良品が出荷された】

なぜ不良品が出荷されたのか？

↓不良品をはじくセンサーが機能していなかった。

なぜセンサーが機能していなかったのか？

↓センサーへの電源が供給されていなかった。

なぜセンサーへの電源が供給されていなかったのか？

↓センサーに繋がれた電源ケーブルが抜かれていた。
なぜセンサーへの電源ケーブルが抜かれていたのか？
↓作業員が足を引っ掛けて抜いてしまっていた。
なぜ作業員は足を引っ掛けたのか？
↓電源ケーブルを束ねる結束バンドを忘れ、露出していた。

このように5回「なぜ」を繰り返すことで、不良品が出荷されてしまった根本原因がわかりました。こんな分析をせず、「不良品が出たこと」自体がそもそもの問題だと考えてしまいそうですが、それでは根本原因に辿り着くまでに時間がかかります。「なぜなぜ分析」によって1つ1つの原因に立ち戻り、最終的には根本原因に近づくことができました。ここまでくれば、作業マニュアルの変更など、効果的な対策を打つことができます。

「なぜ？」を繰り返す回数については議論の余地がありますが、まずは1回でも「なぜ？」と自分に問いかけてみてください。すぐには答えが出てこなくてもいいのです。「なぜ？」

という問いかけを習慣にしましょう。

7 自信がつき、信頼を生む

テクノロジー脳を持つとなぜ自信がつくのでしょうか。

1つは、視野が広がり、視点が定まり、視座が高くなって理解の範囲が広くなるからです。「自分は劣る点がない」「恥じる点がない」という気持ちが生まれます。

もう1つは「知る」手法を習得しているので、「できない」「失敗する」とむやみに恐れることがなくなります。自分の行動や考えを信じられるようになるので、**新たなことにチャレンジしようという意欲的な気持ち**がわいてきます。「できる自分」になると、自分の力を試してみたくなります。

また、他人の意見や評価で自分の価値が決まると思わなくなります。安易に傷つくこともなくなります。

自信がつくと、社会人であればプロジェクトリーダーをやってみようと考えたり、「この仕事を任せてください」と上司に志願したりできるようになります。責任ある仕事をすぐに任せてもらうのは難しいかもしれませんが、意欲は伝わります。

この姿勢は上司に伝わります。周囲は意欲ある同僚に気づき、信頼を得られるようになると、リーダーシップを発揮する機会が増え、マネジメントを任されるようになります。テクノロジー脳はリーダーシップ力やマネジメント力を高めることにも繋がります。

8 アイデアを生み出せるようになる

ここでのアイデアとは、発明家エジソンのように大発明をしようということではありません。企画書を書く、新規事業案をつくるなど、日常的に求められるレベルのアイデアです。

アイデアと聞くと、右脳を使ってひらめくイメージがあるかもしれません。「発想力」とも言えそうです。音楽家や画家、作家などクリエイティブな人たちは発想力がありそうです。

一方、左脳的なアイデアの出し方を主張する人もいます。

米国の実業家ジェームス・ウェブ・ヤング氏は『アイデアのつくり方』（ＣＣＣメディアハウス）という本を書きました。この本によると、アイデアを生み出す過程にはステップが５つあります。

ステップ1　情報を集める。

ステップ2　情報を咀嚼する。

ステップ3　情報を組み合わせる。

ステップ4　アイデアを生み出す（瞬間）。

ステップ5　アイデアをチェックする。

詳細は省略しますが、この５つのステップはテクノロジー脳をつくるステップに似ていると思います。

また、著名なプロデューサー・文筆家の岡田斗司夫氏は大学の講義や自身の動画チャンネルで「アイデアは生み出すものではなく、持ってくるもの」だと言っています。

岡田氏の言う「持ってくるもの」とは、既知情報の要素を書き出し、関係性を図で可視化し、図のそれぞれの要素の関係を別ジャンルに当てはめ、押し込んでいくという方法です。それは構造化と同じです。やはり、テクノロジー脳をつくるステップと似ているように思います。

このように、アイデアは右脳だけではなく、左脳でも生み出すことができます。

9 未来を予想できるようになる

アイデアを生み出す「発想力」に続き、未来を予想する「想像力」についてはどうでしょうか。

テクノロジー脳が未来を予想できるようになるのは、**テクノロジーの過去の変遷、事象、歴史などを新しいテクノロジーに当てはめる**ことができるからです。

未来を予想できるようになるステップは次の7つです。

ステップ1 知識や情報を得る。
ステップ2 得た知識や情報から過去の変遷、事象、歴史を調べる。
ステップ3 新しい情報に出くわし、理解する。
ステップ4 新しい情報に既知情報と類似性があるものを取り上げる。
ステップ5 新しい情報に既知の過去の変遷、事象、歴史を当てはめる。
ステップ6 未来を予想する。
ステップ7 未来予想を確認する。

まずは、得られた知識や情報から、時間の流れ、変遷、失敗、成功などテクノロジーやその動向を構造化し、図示します。
次に、新しく知りたい情報に当てはめるとどうなるかを考えます。それを繰り返すと、しっくりくる未来を予想できるようになります。

では、ここで実際に未来を予想してみましょう。宇宙旅行の一種であるサブオービタル旅行を例に、将来の宇宙旅行の価格を予想します（宇宙旅行やサブオービタル旅行を知らない場合は、ネット検索から始めます）。

サブオービタル旅行とは、宇宙と定義される高度100キロメートルを超えて、無重力を体験して地球へと帰ってくる数分間の旅行のことです。Virgin Galactic、Blue Originという海外のベンチャー企業が既にサブオービタル旅行を提供しています。

2024年の宇宙旅行の価格帯は、一人当たり2000〜3000万円ほどで、かなりの高額です。超富裕層向けのサービスであることは間違いありません。

では、未来においては、どれくらいの価格帯になるのでしょうか。

まずは、過去の海外旅行の価格帯の推移から、未来の宇宙旅行の価格帯を予想します。

今や誰でも航空機に乗って海外へ行くことができますが、その昔、海外旅行の料金は非常に高額で、庶民には手が届くものではありませんでした。

例えば、日本からハワイへの旅行料金は次のような記録があります。

・1965年 36万円：初任給2万円の時代
・1970年 14万円：初任給12万円の時代

・１９８０年代以降～　普及（初任給以下）

時代とともに物価は変化するので、価格自体よりもその推移に目を向けます。１９６５年は初任給に比べて18倍もの価格差があります。１９６４年に日本で初めてハワイ旅行が解禁されました。その後、約10～20年をかけて料金は初任給以下となり、庶民にも手が届くようになりました。

次に、非常に高額だった海外旅行と、現在非常に高額な宇宙旅行に類似性があると仮定し、先の条件が今後のサブオービタル旅行に適用できるとします。すると、10～20年後には、価格帯は10分の１～20分の１、いやそれ以下になる可能性がありそうです。

２０３０年代、２０４０年代の宇宙旅行の価格帯は１００～２００万円ほど、もしくは１００万円を下回る価格帯になっている可能性がある（かも）と予想できます。

実際のところ、ハワイ旅行はあくまでも海外旅行で、上空を飛行して海を渡ることができる航空機というテクノロジーを使ったものです。

一方、宇宙旅行は宇宙輸送機というロケットに近いエンジンを使い、宇宙という真空環境に突入したり、大気圏という過酷な場所を潜り抜けて地球へと帰還しなければならないので、条件はだいぶ異なります。

ですから、この予想よりも、何倍も高くなる可能性だってあるかもしれませんし、10〜20年後よりもさらに時間がかかるかもしれません。

10 未来を生き抜くことができる

未来に存在しない職業があるといわれます。一般事務職、スーパーやコンビニの店員、銀行員、警備員、ライター、会計監査、銀行員、電車やタクシー運転手、ホテル客室係、コールセンター業務など、さまざまな職業がなくなると有識者が指摘しました。これを聞いた人たちはどうしたでしょうか。少し脅かしの入ったニュースに過ぎないと思ったかもしれません。しかし、自らの視点で未来を予想することができたら、それは自分事となり、より切迫感を伴って行動を変えることができるでしょう。

私が若かった頃は、いい大学を卒業して一流企業や国の機関に就職することがステータスという風潮がありました。就職した会社を定年まで勤め上げることが美徳とされる時代でもありました。その名残りは今もありますが、以前よりも価値観は変わってきています。ベンチャー企業に新卒で入社する若者もいれば、学生時代から起業する若者もいます。定年まで一社で勤め上げず、転職したり起業するシニア層も増えています。

もし起業するのであれば、未来を予想した上で革新的なアイデアが必要です。そんなときにテクノロジー脳があれば、ビジネスを決めやすくなるかもしれません。

親の立場としても未来が予想できることは重要です。子どもにどんな教育を与えれば子どもは将来困らないのか、未来に向けてどんな能力を養うべきか、未来に備えたいことはたくさんあります。

また、企業が新規事業を始めるには未来予想が必須です。将来このテクノロジーはどうなるのか、どんな市場や価格帯になるのか、どんな競合企業が出てきそうかなどを考えます。未来の動向に合わせて検討することで、事業計画を立て、予算を準備し、売り上げ達成を目指します。

未来予想のために行った論理的な検討プロセスは、その後、**見直しや修正をする**ときにも役立ちます。予想通りにならないとわかれば、それまでの議論をたたき台にして軌道修正をしていきます。

11 自分の「型」を作ることができる

テクノロジー脳のつくりかたがわかったら、自分なりにアレンジして生活に取り入れやすくします。

例えば、第3章ではメモの手法を紹介しました。書き写すにはノート、スマートフォンやパソコンで音声入力、ＰＤＦでサイト画面を保存する方法がありました。人によっては別の方法が取り入れやすいこともあるでしょう。スマートフォンで写真を撮ってもいいし、他のアプリを使ってもいいのです。ツールも日々進化するので、自分にとって最適なものを積極的に活用します。目的を達成するには、**自分にとっての最善の「型」を作る**ことです。

また、自分の「型」ができると、苦手な分野でも、もっと楽に学べるようになります。

数や量をさらにこなせるようになり、効率的に作業でき、現状を超えた新たな手法を考え出せるようにもなります。

12 メンタルが強くなり、挫折にも強くなる

学業や仕事で失敗して自信をなくしたときでも、さらに成長できるチャンスに変えることができます。例えば、こんな思いになったことはありますか。

・自分の力が及ばないと感じて悔しい。
・自分の思い通りにならない。
・やりたくないことを強いられ、力を発揮できない。
・周囲から軽蔑される、影口を叩かれる。

こうした経験は誰にでもあるわけで、それが成長のきっかけになることだってありま

す。しかし、ネガティブな思いが続けば、メンタル不調に陥ってしまうかもしれません。そうしたことにならないようにするには、行動を意識的に変える必要があります。それには、やはりテクノロジー脳です。

テクノロジー脳を持つと、**自分が未来をプランニング**できます。人生には予期せぬことが起きるものですが、未来をプランニングすることによって、想定どおりに進められることが増えます。

例えば、自分の期待や想定から大きく外れることがないように作戦を考えるのはプランニングです。期待や想定から大きく外れたときのために代替案を用意しておくのもプランニングです。コントロール不能な展開になったときの代替案も準備できれば、さらにいいでしょう。

こうして、自分自身がコントロールできる状態をつくり、維持することで、能力を伸ばしていくことができます。能力が向上すれば、自信がついて挑戦できるメンタルを保つことができます。挫折があっても、自分のことを信じていれば、立ち上がることができます。テクノロジー脳によってつくられた自信は、理由や根拠のある自信です。努力を続けることは、単に成果をもたらすだけではなく、自分の内面の成長に大きく寄与するのです。

13 テクノロジー利用でコミュニケーションをはかる

人から教えてもらうと、その人の考え方や理解の仕方を学ぶことができますが、人に教えてもらうのが苦手ということもあるでしょう。私も人見知りなので、気が進まないときがあります。

そういうときにもテクノロジーを利用します。顔も名前も出す必要のない場所、例えばさまざまな人と集まれる仮想空間のコミュニティーサイトなどです。現実の世界では相談しにくい仕事のことや恋愛の悩みを相談することもできます。ＳＮＳを使って広く質問をしてみる方法もあります。

なお、顔も本当の名前もわからない相手の場合は騙されるリスクも高まります。また、個人を特定できる情報まで公開してしまうと、詐欺やストーカー被害といったトラブルに巻き込まれることもあるので、注意が必要です。

テクノロジーの進化で、世界の隅々にまでコミュニケーションをはかることができるようになりましたが、匿名性の高い相手との付き合い方には気をつけましょう。

14 ツールリテラシーを向上させて、世界中にアクセスする

昨今のツールの進化は目覚ましいものがあります。中でも、ChatGPTやグーグル翻訳はさまざまな言語を翻訳してくれるので、語学の壁を越えて世界中の情報にアクセスできるようになりました。

また、コミュニケーションアプリを使えば、直接的にやり取りもできます。面白そうなテクノロジーを見つけたとして、詳細がわからなければ、日本語で質問を書き、それを翻訳したら、メールやチャットに翻訳文を貼り付けて質問します。

ツールリテラシーの向上によって、アクセスできる範囲が大幅に広がると、多くの人

が知り得ない情報にいち早く到達できる可能性も高まります。

15 作業が省力化できる

テクノロジーを活発に使うようになると、作業を省力化することができます。例えば、プレゼンテーション用にパワーポイントで資料を作成するとします。最初に資料の構成を考える必要がありますが、その構成からChatGPTに考えてもらうのです。

【プロンプト】
仮想空間について人に説明したいのですが、資料となるパワーポイントの構成を教えてください。

【ChatGPTの回答】
仮想空間を人に説明するためのパワーポイント資料を作成する際には、以下の構成を考えてみることができます。仮想空間では視覚的な要素やインタラクティブな要素を活用することができるため、それらも取り入れつつ、わかりやすく伝える工夫が必要です。

●タイトルスライド：タイトル、プレゼンターの名前、日付
●イントロダクション：説明の目的、仮想空間での説明のメリット
●仮想空間の概要：仮想空間の定義、なぜ仮想空間が重要なのか、主な用途や産業への応用例
●仮想空間の特徴：視覚的な要素、インタラクティブな機能、リアルタイムのコラボレーション
●利用される技術：仮想現実（VR）や拡張現実（AR）の概要、センサー技術モーションコントロールなど
●ビジネスへの応用：企業や産業での利用例、生産性向上や効率改善への影響
●教育への応用：学習環境の拡充、仮想空間でのトレーニングやシミュレーション
●デモンストレーション：仮想空間内でのデモ、実際の利用例の紹介
●課題と未来展望：現在の課題や課題への取り組み、今後の発展や期待される進展

[テク脳]ルーティンによる効果

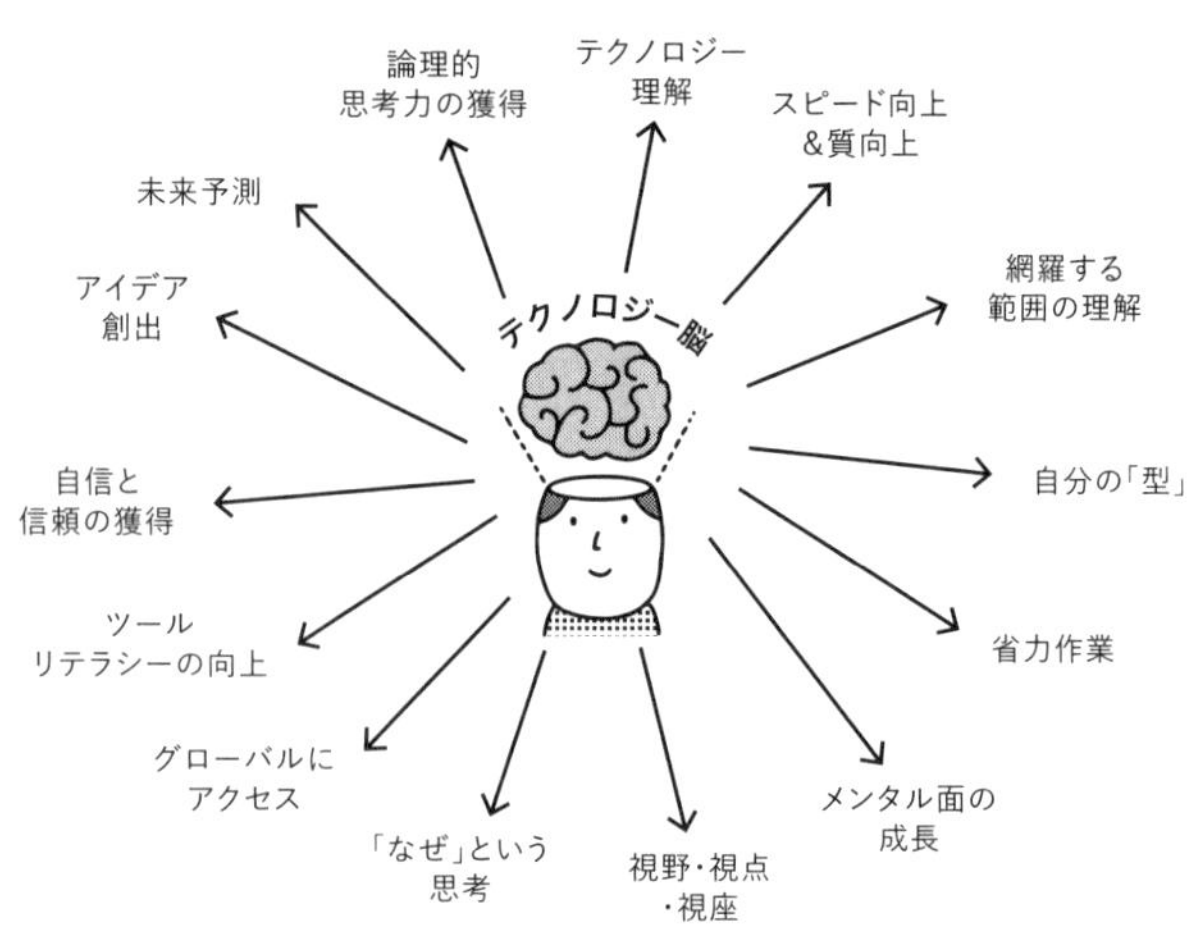

●質疑応答：聴衆からの質問への対応、連絡先や追加情報の提供
（出所：ChatGPT 3.5による回答）

ChatGPTが提案してきた資料の構成を見て気づくことはありますか。そう、構造化されています。

具体的な項目で何を書けばいいのかわからなければ、それもChatGPTに聞いてみると詳しく教えてくれます。ChatGPTを使いこなせるようになると、資料の作成時間もぐっと短縮できるでしょう。

けれども、自分の理解が追い付いて

いない状態でChatGPTに頼りすぎるのはやめましょう。プレゼンで質問されても自分の言葉で答えられないことになりますし、そもそもChatGPTを信じすぎてトンチンカンな資料を作成してしまっても自分で気づくことができません。

どこまでは利用できて、どこからは使用を控えるべきか、自分の頭で考えることを忘れないでください。

おわりに

本書をお読みいただきありがとうございました。本書は、理系の頭の使い方について紹介した書籍です。そもそも私は、理系と文系の思考を明確に線引きしたり、優劣をつけるつもりはありません。理系分野や最新テクノロジーについて知りたい文系の人がたくさんいることも知っています。

ただ、非常に優秀で論理的な文系の知人であっても、理系の話題になると「それは何ですか？」というWhatの質問が多いと感じることがたびたびありました。

一方、理系の人と話すときには、Whatだけではなく、WhoやWhere、WhenやWhyなど5Wの質問がたくさん挟まれるように感じてきました。当事者は誰なのか、どこで展開している話なのか、現在はどこまで進んでいて将来はどうなりそうか、なぜなのか、とさまざまな問いによって話題が広がります。やがて、理系と文系では思考が少し違うのかなと思うようになりました。

最近は、学生時代に文系だった人から起業の相談を受けることがあります。テクノロジーを起点としたスタートアップを立ち上げたいという話です。テクノロジーにあふれた現代社会において、今どきっぽい相談ですよね。そうしたときには必ず「テクノロジーがよくわからないから、教えてほしい」と言われます。

また、事業企画系の部署に配属になったものの、自社が検討しているテクノロジーがよくわからないので教えてほしいと頼まれることもあります。テクノロジーのことがわからないと思っている人は、私が思う以上にたくさんいるのかもしれない、それが本書の出発点になりました。

執筆するにあたって、どんな人に読んでもらいたいかを考えました。想定したのは、文系の人、理科系の話に苦手意識のある人に加え、学生、新卒、第二新卒など、キャリアに迷っている人です。そして、絶対に伝えたいことを絞り込みました。それが「テクノロジー脳」です。

テクノロジー脳とは一般用語ではありません。私と出版社で作った造語です。なんとなくわかりづらいかもしれませんが、「はじめに」でも述べたように、未知のテクノロジーに出くわしたときに、自分なりに理解できる思考法がテクノロジー脳です。私はどこにもないこの造語をとても気に入っています。

さて、理系は……、文系は……、と述べてしまいましたが、今後は理系と文系の境界がなくなってくると思います。

私が学生の頃は、プログラミングをするのは理系だけでした。でも現在は、文系だってプログラミングをします。それを職業としている文系出身の人も少なくありません。操作や分析結果を読み解くのが難しいアプリケーションも、以前は理系しかいじりませんでしたが、今や文系でも高い分析力でデータ分析を行う人がいます。

また、昨今の生成系ＡＩの登場は画期的でした。理系・文系にかかわらず、誰でも生成系ＡＩを使う時代が来たわけですが、今後は生成系ＡＩを使わなければ生き抜けない時代が来るでしょう。それは言い換えれば、みんなに理系脳が必要になるということです。

視点を現在に戻せば、今は多様性の時代と言われます。一人ひとりの特徴や特性を尊重し合い、一人ひとりの考え方や個性、能力などを認め合おうという時代です。その理念は素晴らしく、実現によって誰もが生き生きと人生を送れるようになるでしょう。

一方で、最近は多様性が違う意味合いで使われるケースも散見されます。一言でいえば、多様性を隠れ蓑にして、自己防衛を主張する人も中にはいるように思うのです。学業や仕事で指摘されたり指導されるのを避けたい、やりたくない仕事を避けたい、得意でないことには挑戦したくないと、何かを避ける理由に「多様性」という言葉が使われてはいないでしょうか。

自分を守りたい、自分の世界を守りたいという気持ちもわからなくはないですが、それでは思考停止を招いてしまいます。自己防衛は現状維持に変わり、新しいことが入ってこない頭の使い方になってしまわないかと危惧しています。

こうした、みんなに理系脳が必要になること、多様性の時代に思考停止のリスクが高まっていること、この2つの課題をテクノロジー脳によって乗り越えてもらえたら――これが私の一番の願いです。本書を利用して進取果敢に人生の舵を取ってもらいたいのです。

みなさんも、ぜひテクノロジー脳を実装してみてください。人生の幅が広がり、自分の隠れた才能に気づき、さまざまな選択肢を得て、果敢にチャレンジできる力が身につきます。みなさんのさらなる活躍を祈っています。

齊田 興哉

齊田興哉

（さいだ・ともや）

東北大学大学院工学研究科量子エネルギー工学専攻博士課程修了、工学博士。
JAXA（宇宙航空研究開発機構）に就職。当時、日本最先端の技術と性能を持つ人工衛星の開発プロジェクトチームへ配属され、人工衛星の設計フェーズ、打ち上げ、運用までを2機経験した。その後、日本総合研究所へ入社。宇宙ビジネスのコンサルティングに従事し、政府事業や民間企業を支援したのち独立。NHK、TBSテレビ「ひるおび」、ABEMAPrime、毎日放送「せやねん！」、関西テレビ「LIVEネクスト！」などのテレビ番組に宇宙ビジネスの専門家として出演。著書に『最新宇宙ビジネスの動向とカラクリがよ～くわかる本』（秀和システム）、『ビジネスモデルの未来予報図51』（CCCメディアハウス）、『そろそろタイムマシンで未来へ行けますか？』（飛鳥新社）などがある。